KB264216

크리스토퍼 도슨의
기독교문화와 교육

크리스토퍼 도슨의 기독교문화와 교육

김영진 著

책머리에

필자는 지난 2002년 학술진흥재단의 신진연구인력 장려금 지원사업(과제번호: KRF-2002-908-A00001)의 연구자로 선정되는 기쁨을 맛보았다. 그리하여 경제적인 지원을 받으면서 오로지 연구에만 집중할 수 있었다. 그러나 수많은 자료의 홍수 속에서 갈피를 잡지 못하며 여러 해를 보냈다. 각고의 노력 끝에 지난 2005년 8월에 박사학위를 어렵게 취득할 수 있게 되었다. 따라서 이 책은 바로 필자의 학위논문을 수정, 보완한 것이다.

크리스토퍼 도슨(Christopher Henry Dawson, 1889-1970)은 토인비와 더불어 20세기 영국의 가장 유명한 가톨릭 문화사가로 알려져 있다. 그는 1889년 10월 12일 영국의 헤리퍼드셔(Herefordshire)의 해이 카슬(Hay Castle)에서 아버지 필립 도슨(Philip Henry Dawson)과 어머니 루이사 비번(Louisa Mary Beven) 사이에서 1남 2녀 중 둘째로 태어났다. 그의 부모는 학식 있고 경건한 가문의 지주로 어머니는 앵글리칸 부주교의 딸이었고 아버지는 앵글로 가톨릭계의 분이었다. 그는 어린 시절 신앙심 있고, 조예 있는 가문에서 자라 조용한 가운데 소심한 소년으로 자라났다. 그리하여 그는 성자들의 삶과 성경을 포함하는 종교적인 주제에 일찍이 매력을 갖고 있을 만큼 조숙하였다. 그는 어머니로부터 신비주의, 고전학과 관련된 시를, 그리고 아버지로부터는 철학을 배웠다. 1904년에는 당시에 유명한 공립학교 윈체스터(Winchester)에서 공부하였으며, 1908년에는 옥스퍼드의 트리니티 칼리지(Trinity College)에 진학하였다. 그곳에서 중세시대의 전문가이자 고전학자인 바커(Ernest Barker)를 개인교수로서 만나게 되었다. 그리고 대학에서 가톨릭 친구 와

킨(Edward Watkin)을 알게 되었고 1909년에는 부활절을 이용하여 로마의 아라 코엘리(Ara Coeli) 교회를 방문하기에 이르렀다. 그는 이 곳에서 로마제국의 종말의 대역사를 기술한 기번(Edward Gibbon)의 영감을 접하게 되고 문화사가로서의 소명심을 갖는 계기를 갖게 되었다. 그 후 1914년 1월 5일 옥스퍼드의 세인트 알로이시우스교회(St. Aloysius)에서 로마가톨릭 성체를 받게 되었다. 그리고 1916년 로마 가톨릭신자인 아내 발레리 밀즈(Valery Mills)와 결혼하여 세 자녀를 두었다.

1914년부터 1928년까지는 도슨이 연구에 집중한 시기이며, 『사회학평론(*Sociological Review*)』과 『계간평론(Quarterly Review)』에 자신의 논문을 다수 게재하였다. 1928년 그는 40세의 나이가 되어서야 자신의 처녀작 『신들의 시대(The Age of the Gods)』를 출판했다. 그 후 약 20여권의 저서를 출판하는 등 다작가로서의 면모를 그대로 드러내었다. 그의 주저들은 다음과 같다.『기독교와 새로운 시대(1931)』, 『근대의 딜레마(1932)』, 『종교와 근대국가(1935)』, 『중세종교(1935)』, 『유럽의 형성(1939)』, 『진보와 종교(1937)』, 『정치를 넘어서(1939)』, 『제민족의 판단(1942)』, 『종교와 문화(1948)』, 『종교와 서구문화의 성립(1950)』, 『유럽의 이해(1952)』, 『중세논집(1953)』, 『기독교문화의 역사적 실제(1960)』, 『서구교육의 위기(1961)』 그리고 그의 마지막 저작인 『기독교 세계의 분열(1965)』 등이다. 그의 지적 스펙트럼 또한 넓고 깊어서 사회학, 인류학, 철학 그리고 역사학을 아울렀고 인류문명이 당면한 문제에 대한 그의 예리한 통찰력은 이들 내용 속에 모두 담지되고 있다. 그 중에서도 특히 종교와 문화 사이의 관계에 관해서는 특별한 국면을 다루고 있다.

도슨은 1940년대의 대부분을 더블린 평론집의 편집자로서 역할을 수행하였다. 이 시기 동안 도슨과 그의 가톨릭 동료들은 "성령의 검(The Sword of the Spirit)"이라 불린 동아리를 만들기도 하였다. 특별히 주목해야 할 점은 그가 영국에 주로 머물러 있을 당시에는 대학에 정식으로 자리를 잡지 못하고 에딘버러, 엑시터 대학 등에서 시간강사로서 지내다가 1958년 하버드 대학교에서 석좌교수를 역임하게 되었다는 것이다. 그는 1962년 자신의 질병으로 인해서 영국으로 돌아오기는 하였으나, 그의 지적인 명성은 영국을 넘어서 미국에까지 전해지게 되었던 것이다.

도슨은 20세기의 양차대전을 경험하면서 나타난 인류의 문명에 대한 여러 문제들에 천착하여 유럽문명과 역사를 재조명함으로써 당면한 현실의 문제에 대한 진단을 하고 그 해답을 제시하고자 노력하였다. 그는 세속화된 서구 문명의 현실을 근본적으로 정신적, 종교적인 차원에서 접근함으로써 서구가 중세 이후 그 원천적인 힘이 되어온 공동의 지성, 공동의 정신적인 목표를 상실하였기 때문에 그것이 이룩한 엄청난 업적과 상관없이 오히려 좌절과 분열로 침식당하고 말았다고 지적하였다.

그는 유럽이 지역에만 국한된 단순한 국가들의 집합이 아니며, 국가들이 독특한 전통과 역사를 간직하고 있으면서도 공동의 정신적인 기조에 의해서 통합되어 왔다는 주장을 전개하였다. 그러나 근대의 역사 이후 유럽은 불행하게도 이 공통의 통합적인 요소를 파괴시키는 데 집중되어 왔다는 것이다. 유럽통합의 전승역할을 담당하던 고전교육이 민족국가 단위의 전담물로 전락하게 됨으로써 과거와 오늘날 역사의 교량역할을 하기보다는 단절시키는 점철을 되풀이하고 말았던 것이다.

본 연구는 도슨에게서 엿볼 수 있는 교육개혁가로서의 면도를 부각시키고자 하는데 그 목적이 있다. 도슨의 기독교적 역사관, 종교와 문화의 제 관계 등은 도슨 연구자들에 의해서 활발히 연구되어 왔다. 그러나 도슨이 제시한 기독교문화의 회복론과 그것을 현실화시킬 구체적 대안으로서 교육 프로그램을 중심으로 서구문명의 위기를 극복할 방법론에 대한 대답들을 모색하고 제시하는 작업은 이루어지지 못하였다.

먼저 도슨의 교육사상은 그의 기포드 강연(Gifford Lectures, 1947~1948)과 하버드대학에 재직하던 시기(1958~1962)의 강의록과 저술들 속에 일부 나타나 있다. 그 중에서도 1953년 The Commonweal誌에 기고한 "기독교문화와 교육"이라는 논문은 그의 사상의 진면목을 볼 수 있는 중요한 정보를 제공하고 있다. 그는 이 논문에서 서구문명이 당면한 문제점을 제기하고, 이를 해결하기 위한 기독교문화의 회복, 그리고 그 구체적인 대안으로서 교육의 개혁이 필요함을 주장하였다. 그의 이 주장은 당시 대학의 교육가들 사이에 열띤 논의를 불러일으키는 촉매제가 되기도 하였다.

그리하여 도슨의 논문이 발표된 이후, 1955년 노트르담 대학에서는 가톨릭 대학의 학장 중심한 세미나가 개최되기에 이르렀다. 멀로이(John J. Mulloy)와 글리슨(John P. Gleason)은 세미나를 통해 도슨의 이론을 전적으로 수용하여 그의 교육 프로그램을 소개하고 정리한 인물들이다. 그들은 도슨의 교육 프로그램을 대학에서 수용할 것을 제안함과 동시에 그들 스스로가 교과과정을 만들어 대학에서 강의를 시도하였다.

그러나 기존의 연구들은 주로 도슨의 교육 프로그램의 일면적인 측면만을 다루는 경향이 있었다. 이를테면 도슨의 커리큘럼을 대학 내에서 핵심적인 교과과목으로 수용할 것인가에만 초점이 맞추어져 있었다. 그리하여 도슨이 제안하는 기독교문화의 의미와 가치 및 중요성, 그리고 그 타당성 등이 진지하게 검토하지 못한 한계를 드러내고 말았다.

본 연구는 이러한 측면에서 다음과 같은 문제를 인식하고자 하였다. 우선 도슨이 왜 기독교문화 회복을 위한 실천대안으로 자신의 교육 프로그램을 제안하였고, 당대의 교육 개혁가들이 도슨을 비판할 수밖에 없는 이유는 무엇인지 규명하는 일이다. 두 번째는 이러한 작업을 수행해 나가는 데 있어서 도슨의 교육 프로그램 내용들을 분석하고 그것이 현실적으로 적용 가능한 것인지, 혹은 당시의 제도권이 이 프로그램을 받아들이는 것이 불가능하기만 한 것인지 검토하는 것이다. 따라서 멀로이와 글리슨이 제안하는 도슨의 교육 프로그램을 소개하고 이에 대한 종합적이고도 비판적인 분석을 하는 일이 필요한 이유가 여기에 있는 것이다.

본서가 나오기까지 많은 분들의 도움을 받았음을 밝힌다. 필자의 지도교수로서 대학 입학 때부터 인연이 되어서 평생 학문의 길로 인도해 주신

이석우, 이태숙 두 분 선생님께 깊은 감사를 드린다. 그리고 보다 나은 글이 되도록 비판과 격려를 아끼지 않으신 김봉수 선생님, 권태경 선생님, 강치원 선생님께도 감사를 드린다. 아울러 필자의 글이 나올 수 있도록 조언과 통찰력을 제공해 준 경희대학교 서양사연구회 선배, 동학들에게도 깊은 감사를 드린다. 이 책의 출간을 흔쾌히 맡아주신 한국학술정보(주)의 채종준 사장님과 권현옥 팀장님께도 감사의 말을 전하고 싶다. 필자로 하여금 학자의 길을 갈 수 있도록 물심양면 뒷바라지 해 주신 아버지와 어머니께도 고마운 마음을 전하며, 인생의 반려자로서 어려운 일들을 참고 견뎌주고 함께 해준 아내 이정명과 아빠를 응원하며 잘 커준 동원이와 동범이에게도 고마움을 전하고 싶다.

2006년 8월

김영진

목 차

Ⅴ. 맺음말 ……………………………………………145

I. 머리말

　　지난 2세기 동안 유럽은 과학혁명의 영향으로 생활방식에 있어서 커다
란 변화를 경험하였다. 그 변화의 순기능으로 말미암아 인류의 문명과 사
회는 풍요롭게 변모되었다 그러나 인류는 그러한 성과들에도 불구하고
20세기에 이르러서는 오히려 한 세대 만에 두 번의 세계대전을 치루는 불
행을 겪는 등 그 역기능을 톡톡히 경험해야만 하였다. 그리하여 이러한 상
황에 직면하였던 지식인들뿐 아니라 일반 대중들조차도 인류역사의 운명이
향후에 어떻게 전개될 것이며, 또 장구한 세계사의 흐름 속에서 현시점이
어떠한 의미를 갖는지에 대해서 깊은 우려를 표명하였다. 당시의 유명한
역사철학자들도 저마다 자신들이 처한 현시대의 상황을 나름대로 진단하기
에 이르렀다.

　　20세기에 직면한 전 지구적인 위기의 상황을 진단한 학자로는 슈펭글러
(Oswald Spengler, 1880-1936)를 들 수 있다. 그는 자신의 문화유기
체론에서 인류문화가 인생의 영고성쇠처럼 문화도 절정의 창조시기를 겪고
난 다음에는 쇠퇴의 시기가 온다고 진단하였다. 그래서 그는 당시의 유럽
문명이 바로 그 쇠퇴기에 해당된다고 평가함으로써 역사에 다한 비관주의
를 불러일으키게 되었던 것이다. 슈펭글러에게서 영감을 얻었던 토인비

(Arnold Toynbee, 1889-1975) 역시 서구문명이 위기에 직면하였다고 주장하였다. 하지만, 그는 슈펭글러의 비관주의와 달리 역사의 전환기에서 역사의 진행을 도전과 응전의 과정으로 파악함으로써 서구문명이 당면한 장애를 극복할 것이라는 낙관적인 기대를 하였다. 그리고 그의 이러한 기대는 보편교회의 등장과 고등종교의 전파를 통해서 당면한 비극적인 상황을 모면할 수 있을 것이라는 입장으로 정리되었다.

본 연구에서 다루고자 하는 크리스토퍼 도슨(Christopher Henry Dawson, 1889-1970) 또한 그들과 동시대를 살면서 거시적인 안목으로 당면한 시대에 대한 진단을 하고 그 해결책을 제시하였다.[1] 그는 우선 자신의 논지를 전개시키기 위해 동시대인들과 마찬가지로 자신이 살았던 20세기를 위기의 시대로 규정하였다. 그리고 그는 이 위기의 시대를 극복할 수 있는 대안을 제시하고자 노력을 하였다. 그러나 앞선 두 사람의 인기와 지명도에 비해서 도슨에 대한 연구와 인지도는 그리 잘 알려지지 않아서 연구자들의 뇌리 속에서 점점 사라지고 있는 실정이다. 그것은 도슨의 사상의 독특한 구도 때문이기도 하지만, 오늘날 서구문명에 대한 반성과 성찰이 고조되고 있는 지금의 상황에서 그에 대한 연구가 절실히 필요한 이유가 된다고 할 수 있겠다.

---

1) 도슨의 생애에 대한 연대기적인 서술과 전기를 담은 저작들은 다음과 같이 일별한다. M. D. Knowles,E. I. Watkin & J. J. Mulloy, "Christopher Dawson 1889-1970", *Proceedings of the British Academy*, vol.57(1971); Daniel Callahan, "Christopher Dawson: 12 October 1889-25 May 1970", *Harvard Theological Review*, vol.66(1973); Christina A. Scott, *An Historian and His World*(New Jersey: Transction Publishers, 1992); Caroline Marshall, "Christopher Dawson", Michael Bauman & Martin Klauber eds., *Historians of the Christian Tradition: Their Methodology and Influence on Western Thought*(Nashville: Broadman & Holman Publishers, 1995); Patrick Allit, *Catholic Converts: British and American Intellectuals Turn to Rome*(Ithaca & London: Cornell University Press, 1997), pp.237-244.

도슨의 사상을 집약적으로 소개한 사람은 멀로이(John Mulloy)를 들수 있다. 그는 도슨의 사상을 크게 두 가지로 구분하여 소개하였다. 그는 우선 서구 문화가 발전해 온 경로에 대해서 추적하는 일을 하였으며, 두 번째는 현대 세계가 위기에 처하게 된 원인을 분석하는 작업을 수행하였다.2) 그의 소개로 도슨의 다양한 저술활동과 업적, 그리고 문화사가로서 도슨에 대한 연구가 활성화되었는데, 연구는 주로 도슨의 역사관, 종교가 서구문화의 형성에 끼친 영향과 기능, 그리고 종교와 문화의 관계에 집중 되었던 것이다.3)

---

2) John J. Mulloy, "Continuity and Development in Christopher Dawson's Thought", In *Dynamics of World History*(La Salle: Sherwood Sugden & Company, 1958); *Christianity and the Challenge of History*(Front Royal: Christendom Press, 1995). 도슨이 문화에 관심을 갖게 된 데는 옥스퍼드 대학의 트리니티 칼리지(Trinity College)에 입학한 이듬해인 1909년 부활절 방학을 이용해 로마시를 순례하였을 때였다. 그는 에드워드 기번(Edward Gibbon, 1737-1794)이 『로마제국 쇠망사』를 쓰는 데 영감을 제공한 로마의 아라 코엘리(Ara Coeli)교회를 방문하였다. 그는 기번이 받았던 영감을 떠올리며 기번이 반기독교적인 관점에서 책을 기술한 대신에, 일종의 소명심을 가지고 서구 문명에 대한 5권의 역사서를 쓰기로 결심하였다. 도슨은 이 일을 계기로 문화사가로서의 길을 걷기 시작하였던 것이다. 영국으로 돌아와서는 그의 친구 와킨(W. I. Watkin)의 도움으로 로마 가톨릭으로 종교를 전향(1914년 1월 5일 옥스퍼드의 St. Aloysius 교회)하고 1916년 8월 9일 밀즈(Vallery Mills)와 결혼하기에 이르렀다. 그는 엘리어트(Thomas Stearn Eliot)의 주선으로 *The Criterion, The Sociological Review* 편집주간을 맡기도 하였다. 도슨의 연구 활동은 주로 1920년부터 1967년까지이며, 사후의 유작으로는 3권이 더 출판되었다. 일반적으로 그의 연구는 그가 활동했던 시기에 따라서 세 시기로 구분된다. 첫 번째 시기는 1920년부터 1932년까지로 그가 학자로서 명성을 얻게 된 기간으로 그의 관심은 주로 서구 문화의 형성에 집중이 되어 있다. 두 번째 시기는 1933년부터 시작하여 하버드 교수로 재직하였던 1958년에서 1962년까지의 기간이다. 그는 이 시기에 2차 대전과 미국, 구소련의 대립으로 말미암은 냉전체제, 그리고 급상하는 제3세계 등 급변하는 세계정세의 위기를 피부로 느꼈다. 그는 서구가 당면한 문제의 원인이 무엇인지 그 해결책을 여러 저널들에 기고하였다. 그리고 마지막 시기는 1962년부터 1970년까지의 기간으로 그가 미국에 머물면서(1958-1962) 기고해 왔던 글과 강의자료들을 영국으로 돌아와 책으로 출판하였던 시기이다.

그러나 도슨에 대한 왕성한 연구 성과에도 불구하고 그의 교육사상에 관련된 연구들은 제대로 진행되지 못한 측면이 있다. 그렇기 때문에 도슨에게서 엿볼 수 있는 교육개혁가로서의 면모를 연구해야 할 당위성이 바로 여기에 있는 것이다. 따라서 본 연구는 도슨이 기독교문화의 회복과 그것을 현실화시킬 구체적 대안으로서 그의 교육 프로그램을 중심으로 그가 제시한 서구문명의 위기를 극복할 방법론에 대해서 검토해 보고자 한다.

도슨의 교육사상은 그의 기포드 강연(Gifford Lectures, 1947-1948)과 하버드대학에 재직하던 시기(1958-1962)의 강의록과 저술들 속에 나타나 있다. 그중에서도 1953년 *The Commonweal*誌에 기고한 "기독교문화와 교육"이라는 논문은 그의 사상의 진면목을 볼 수 있는 중요한 계기를 제공하고 있다. 그는 이 논문에서 서구문명이 당면한 문제점을 제기하고, 이를 해결하기 위한 기독교문화의 회복, 그리고 그 구체적인 대안으로

---

3) Daniel O'Connor, *The Relationship between Religion and Culture According to Christopher Dawson: A Synthesis of Christopher Dawson's Writing*(Montreal: Librairie Saint-Viateur, 1952); Dermot Quinn, "Christopher Dawson and the Catholic Idea of History", Stratford Caldecott & John Morrill eds., *Eternity in Time: Christopher Dawson and the Catholic Idea of History*(Edinburgh: T&T Clark, 1997); Mark Dallas Legge, "Ploughing a Lone Furrow: Metahistory in the Thought of Christopher Dawson", (M. A. thesis, Western Washington University, 1996); Russell Hittinger, "The Metahistorical Vision of Christopher Dawson",; Glenn W. Olsen, "The Maturity of Christian Culture: Some Reflections on the Views of Christopher Dawson", Peter J. Cataldo ed., *The Dynamic Character of Christian Culture: Essays on Dawsonian Themes*(Boston: University Press of America, 1984); Wethersfield Institute Proceedings, *Christianity and Western Civilization, Christopher Dawson's Insights: Can a Culture Survive the Loss of Its Religious Roots?*(San Francisco: Ignatius Press, 1995); Fernando Cervantes, "Progress and Tradition: Christopher Dawson and Contemporary Thought", *Logos*, vol.2, no.2(Spring 1999); Araceli Duque, "The Vision of Christopher Dawson", *Zenit*, 2003.

서 교육의 개혁이 필요함을 주장하였다.4) 그의 이 주장은 당시 대학의 교육가들 사이에 열띤 논의를 불러일으키는 촉매제가 되기도 하였다.

그리하여 도슨의 논문이 발표된 이후, 1955년 노트르담 대학에서는 가톨릭 대학의 학장 중심한 세미나가 개최되기에 이르렀다. 그 세미나를 통해 도슨의 이론을 전적으로 수용하여 그의 교육 프로그램을 소개하고 정리한 인물들은 멀로이(John J. Mulloy)와 글리슨(John P. Gleason)이었다. 그들은 도슨의 교육 프로그램을 대학에서 수용할 것을 제안함과 동시에 그들 스스로가 교과과정을 만들어 대학에서 강의를 시도하였다.5)

그들의 견해와 더불어 사이먼스(John W. Simons), 번즈(James J. Burns) 등도 도슨의 교육 프로그램을 대학에 적극 수용하자는 의견을 개진하였다. 먼저 사이먼스는 교양교육의 역할이 인간본질의 가치를 전달하는 것이기 때문에 기독교문화가 중세 공동체의 공통된 정신 영역을 형성하여 그 같은 기능을 하였다는 도슨의 견해를 받아들였다. 그래서 그는 기독

---

4) Dawson, "Education and Christian Culture", *The Commonweal*, vol.59, no.2(December 4. 1953)=*The Catholic Mind*, vol.52(April 1954); *Medieval Essays*(Sheed & Ward, 1954); "Future of Christian Culture", *The Commonweal*, vol.59, no.24(March 19, 1954); "Christian Culture in the U. S.", *The Commonweal*, vol.60, no.6(May 14, 1954); "Today's Challenge to U. S. Colleges", *America*, vol.91, no.23(September 4, 1954); "Problem of Christian Culture", *The Commonweal*, vol.62, no.2(April 15, 1955); "The Study of Christian Culture in the American College", *The Catholic World*, vol.182(1956).

5) John J. Mulloy, "Specific Programs for the Study of Christian Culture", In *The Crisis of the Western Education*(New York: Image Books, 1965), pp.155-191; John P. Gleason, "A Practical Experiment in Education: The Study of Christopher Dawson as the Core of the College Curriculum", *The Chesterton Review*, vol.9, no.2(May 1983), pp.167-171; "A Program of Christian Culture", *Religious Education*, vol.55(December-January 1960), pp.257-260; "The Study of Christian Culture: A New Approach to General Education", *The Educational Record*, vol.40(April 1959), pp.155-159.

교문화의 연구를 대학의 핵심 과목으로 가르칠 것을 제안하였다.6) 번즈는 인간의 본질적 가치를 고양시키기 위해서라도 도슨의 교육 프로그램이 수용되어야 한다는 것이었다.7)

　　이와는 달리 마가릿(Helene Magaret)은 도슨의 기독교문화를 교양 과목으로 도입하는 것이 현실적으로 불가능하다면서 이의를 제기하였다. 당시 듀이의 교육이념의 영향을 받은 미국사회에서 교육의 목적은 공리주의적이고 전문적인 기능인을 양성하는 것이 주류를 이루는 상황이었다. 그렇기 때문에 그는 인간의 본질적인 가치를 추구하는 도슨의 교육 프로그램을 수용할 수 없다는 것이 그 이유였다.8) 맥마흔(Joseph H. McMahon)은 기독교문화가 중세에서 통합적인 요소로 작용하지 않았다고 반론을 제기하면서 도슨의 교과과정 자체가 타당한 연구 분야가 아니라고 반박하였다.9) 나아가 캠벨(James M. Campbell), 하트닛(Robert C. Hartnett), 그리고 커닝햄(W. F. Cunningham)을 위시로 하는 교육개혁가들은 도슨의 프로그램에서 소개된 교과목들이 기존의 가톨릭대학에서 이미 교육되고 있을 뿐 아니라 중복되는 교과목들이 상당히 많이 있기 때문에 수용할 필요가 없다는 주장을 전개하였다.10)

---

6) John W. Simons, "Putting American Catholics in Touch with the Christian Past", *The Commonweal*, vol.90(May 14, 1954), p.135; "Liberal Education as Transmissor of Values", *Thought*, vol.30, no.116(1955), pp.166-167.

7) James J. Burns, "Christian Culture", *The Commonweal*, vol.61 (January 28, 1955), p.457.

8) Helene Magaret, "Barriers to the Organic Curriculum", *America*, vol.91(September 4, 1954), p.542.

9) Joseph H. McMahon, "Christian Culture", *The Commonweal*, vol.61 (January 7, 1955), p.382.

10) James M. Campbell, "The Dawson Challenge: A Discussion", *America*, vol.93, no.3(April 16, 1955), p.70; Robert C. Hartnett, "The Dawson Challenge: A Discussion", *America*, vol.93, no.3(April 16, 1955), pp.74-76; W. F. Cunningham, "Christian Culture in General Education", *America*, vol.93, no.3(April 16, 1955), pp.64-65.

이들의 입장을 정리해 보면 교육가들의 논의들은 주로 도슨의 교육 프로그램의 부분적인 측면만을 다루는 경향이 크다. 이를테면 도슨의 커리큘럼을 대학 내에서 핵심적인 교과과목으로 수용할 것인가 않을 것인가에 초점이 맞추어졌던 것이다. 그러한 이유들로 인해서 그들은 도슨이 제안하는 기독교문화의 의미와 가치 및 중요성, 그리고 그 타당성 등이 진지하게 검토하지 못하였다.

그 후 워드(Leo R. Ward)도 기독교문화의 회복으로서 도슨의 교육관을 소개하였다. 그는 도슨의 기독교문화 교육이 교양과목과 종교교육의 두 가지 측면의 역할을 할 수 있다는 긍정적 평가를 하였다. 그러나 그는 도슨의 교육 프로그램 자체가 지니고 있는 본질적인 의미와 가치에 대한 평가는 하지 못하였다.[11] 그리고 스펙(William A. Speck)도 종교교육을 통해서 서구의 세속화를 극복하고자 하는 도슨의 시도는 대학만을 대상으로 하는 속내를 드러내고 있기 때문에 엘리트주의요 지성주의라고 비난하였다.[12] 슈워츠(Adam Schwartz)는 도슨의 기독교문화의 회복으로서 교육 프로그램은 중세에 대한 향수에 젖은 사고에 불과한 비실제적인 것이며, 기존 가톨릭대학의 철학과와 신학과를 자극하는 결과만 초래하였다고 주장하였다.[13]

이상에서 살펴본 바처럼 도슨의 기독교문화 회복으로서 그의 교육 프로그램에 대한 기존의 주된 논의와 연구들은 개개인의 관점에 따라서 피상적으로 평가하고 있을 뿐 도슨의 프로그램 자체에 대한 분석이나 정리를 이루지 못하는 한계를 드러내고 있다.

---

11) Leo R. Ward, "Dawson on Education in Christian Culture", *Modern Age*, vol.17, no.4(Fall 1973), pp.399-407.

12) William A. Speck, "Christopher Dawson: The Christian Intellectual as Antimodernist", *Christian Scholar's Review*, vol.15(1985), p.119

13) Adam J. Schwartz, "The Third Spring: Roman Catholic Conversion and Rebellion against Modernity in the Thought of G. K. Chesterton, Graham Greene, Christopher Dawson and David Jones",(Ph. D. Dissertation, Northwestern University, 1996), p.1082.

본 연구는 이러한 문제점을 인식하여 다음의 논의들을 진행하고자 한다. 1차적으로 도슨이 기독교문화의 회복을 위한 실천대안으로서 자신의 교육 프로그램을 제안하고자 한 그 기저는 무엇이었으며, 당대의 교육 개혁가들이 도슨을 비판할 수밖에 없었던 이유는 무엇인지 규명하는 작업에서 출발하고자 한다. 두 번째는 이러한 작업을 수행해 나가는 데 있어서 도슨의 교육 프로그램 내용들을 분석하고 또 그것이 현실적으로 적용 가능한 것인지, 아니면 당시의 제도권이 이 프로그램을 받아들이는 것이 불가능하기만 한 것이었는지 검토하고자 한다. 따라서 멀로이와 글리슨이 제안하는 교육 프로그램을 소개하고 이에 대한 비판적인 분석을 하는 일이 그 순서상 맞는 것이 된다.

먼저 II장에서는 도슨이 서구 문명의 위기에 대해서 어떻게 진단을 내리고 있는지 알아보는 일이 우선적으로 필요하다고 본다. 논의의 전개상 서구문명의 위기의 징후는 어떻게 나타나게 되었으며, 그 원인이 어디에 있었는지, 그리고 세속화 과정 속에서 나타난 서구 문명의 문제점들을 짚어보는 일이 진행될 것이다. 그리하여 도슨이 문화회복을 위해 기독교 교육이 필요하다고 주장한 이유에 대한 타당성이 논의될 것이다. III장에서는 도슨이 기독교문화 회복을 주장하게 된 그의 사상적 기초는 무엇이었는지, 그리고 기독교문화 회복을 위해서 도슨이 시도한 점들을 밝혀 나갈 것이다. IV장에서는 도슨의 교육 프로그램에 대한 소개를 일차적으로 제시하고 그것에 대한 비판적인 분석을 시도할 것이다. 그래서 도슨이 제안한 종교교육과 교양교육의 형태, 교과목으로서 기독교문화 연구에 대해서 검토 하는 작업을 할 것이다. 이어서 도슨의 교육 프로그램에 남아 있는 실제상의 문제점과 그의 사상을 비판적으로 논의할 것이다.

도슨의 교육사상은 그가 1940년대부터 1960년대 초까지 20년 동안 연구한 분야이다. 그럼에도 불구하고 그의 교육관에 대한 주목은 그리 받지 못한 아쉬움이 있다. 본 연구를 통해서 도슨연구에 진지한 관심을 불러일으키며 그에 대한 연구에 도움이 되기를 기대한다.

II. 서구문명에 대한 진단 ─────

1. 서구문명 위기의 징후

오늘날 유럽인들은 서구문명이 내포하고 있는 세속적인 성향들을 너무나 당연한 것으로 생각하는 경향이 있다. 나아가 그들은 자신들이 처해 있는 지금의 서구 문명의 세속적인 특성들을 너무나도 자연스러우면서도 정상적인 문명의 한 모습으로 단정하기에 이르렀다. 그러나 도슨은 바로 유럽인들의 이러한 점에 대해 서구가 이미 세속화되었다는 것을 단적으로 보여주는 하나의 현상으로 이해하였다. 바꾸어 말하면 그는 이것이야말로 서구인들이 중세의 문명을 지태해 준 종교에서 완전히 떠났다는 것을 반증하는 것으로 생각하였다.

도슨은 서구의 문명이 이와 같은 세속화[14)]의 전 과정을 거치면서 문명

─────────────

14) 세속화 용어에 대한 기원은 13세기 서구 기독교가 분열된 이후 1618년에 시작되어 30년간 지속된 신구교의 종교전쟁을 종결짓고자 1646년 5월 8일 베스트팔렌 평화회의(Pax Westphalica)의 체결과정에서 강력한 영향력을 행사한 프랑스 왕국 사절단이 교회의 수중으르부터 교회재산의 몰수라는 의미로 *secularisiren* 이라는 말을 사용하면서 형성되었다. 이영림, "근대 초 유럽사회의 세속화와 신

의 위기에 도달했다는 점을 깊이 자각하였던 것이다. 그는 그 같은 위기의 원인이 무엇이었든지 간에 이 세속화로 말미암아 서구의 종교는 완전하게 쇠퇴하게 되었으며, 나아가 이 종교의 쇠퇴로 서구는 스스로의 위기를 자초하였다는 자신만의 독특한 논지를 전개하였다. 일반적으로 사회학적인 관점에서 볼 때 세속화는 사회변동의 결과로 종교에 변화가 생기는 현상을 말하는 것이었다. 그러나 구체적으로 종교의 세속화는 종교가 쇠퇴하여 그 영향력이 약화되는 것을 기본적으로 의미하는 것이다. 물론 그것을 해석해 나감에 있어서는 연구자들 간에 의견의 차이를 다소 보이는 것 또한 사실이다.15)

도슨은 우선 서구인들이 종교에서 떠난 작금의 상황을 정상적인 것으로 파악하지 않았다. 그는 그것이 이상하고도, 독특한 상황이었다고 술회하였다.16) 그리고 그는 자신의 인식을 뒷받침하기 위해서 과거에 인류의 모든 문명이 종교적이었다는 사실을 착안하였다. 말하자면 그는 과거 인류의 모든 문명이 아무리 야만적이고 원시적인 사회라 하더라도 인류는 자신들의 생활을 현실에만 시선을 두기보다는 종교적인 성향을 띤 영원한 세계를 갈구하였다고 설명하였다.17)

앙의 내면화", 『경기사학』, 4집, 2000, p.178 참조.

15) 종교사회학에서 세속화 논의는 5가지로 구분하고 있다. 첫째, 종교가 쇠퇴하여 그 교세나 영향력이 약화되는 것(쇠퇴론: decline theory), 둘째, 종교가 세상과 동조하는 것(동조론: conformity theory), 셋째, 사회제도들이 종교와 분화되어 독립적으로 변화되는 것(이탈론: disengagement theory), 넷째, 종교적 신앙과 제도가 인간적, 사적인 것으로 변형되는 것(변형론: transposition theory), 다섯째, 거룩한 것으로 여겨졌던 세계에 대한 신비의 껍질이 벗겨지는 것(비성화론: desacralization)이 그러하다. 그중에서도 도슨은 쇠퇴론에 해당된다. Walter Kasper, "Nature, Grace, and Culture: On the Meaning of Secularization", David L. Schindler ed., *Catholicism and Secularization in America: Essays on Nature, Grace, and Culture*(Notre Dame: Communio Books, 1990), pp.31-34 참조.

16) Dawson, "Christianity and Human Tradition", *The Dublin Review*, vol.224(1952), p.47.

17) Dawson, "Civilization in Crisis", *The Catholic World*, vol.182(January

　도슨의 시각은 서구인들이 때때로 현실에서 재난, 기근과 질병 등을 경험하였으나 이에 비해서 크고 영원한 세계는 당면한 그들의 불안한 생활에 보상해 주는 기능을 하였으며, 생활의 균형감을 유지해 줌으로써 안정적이면서도 윤택한 생활을 보장한 것으로 이해하였다.[18] 그리하여 그는 과거의 서구인들이 장차 다가올 미래의 영원한 세계로 돌아갈 것을 항상 준비하고 고대하였다고 인식하였던 것이다. 그러나 이러한 고대인들의 생각은 시간의 흐름과 환경의 변화에 따라서 잠시 망각되기도 하였다. 왜냐하면 그들에게 닥친 다양한 환경들은 그들의 관습과 전통, 법률, 그리고 권위의 신성함과 도덕적인 지위를 상실하게 만들기도 하였기 때문이다. 때때로 그들이 물질적으로는 부요해진 반면, 정신적, 종교적으로는 더 약화되고 빈곤해졌던 적도 많았던 것이다.[19] 이제 그들에게 있어서 의지의 대상은 점점 정신적이고 종교적인 것으로부터 멀어져서 물질적인 것으로 바뀌게 되었던 것이다.

　도슨의 말대로 물질적인 풍요와 더불어 개인의 자유, 정치적 민주주의, 경제적 발전 등은 그 자체가 인간이 추구해야 할 궁극적인 목적으로 변질되었던 것이다. 그리고 이제 국가의 기능도 중립적인 입장에서 질서와 안녕을 유지하는 등 야경국가로서의 역할만 유지한 채 축소되게 되었다. 나아가 과학기술의 진보는 권력의 집중 현상을 더욱 가속화시키는 데 일조하기에 이르렀다. 이러한 권력의 집중으로 19세기의 자유주의적 이념에 대한 반발 현상이 팽배해 지면서 전체주의가 등장하였던 것은 어찌 보면 당연한 시대적인 흐름이었을지 모른다.[20]

　뿐만 아니라 1차 세계 대전이 끝난 직후 서구에서는 역사적 제국들이

　　1956), p.223.
18) 같은 책.
19) Dawson, *The Historic Reality of Christian Culture: A Way to the Re-newal of Human Life*(London: Routledge & Kegan Paul Ltd., 1960), p.112.
20) 같은 책 참조할 것.

하나 같이 무너지고 새로운 국가들과 민족들이 도래하였던 상황에 직면하게 되었다. 서구 문명의 역사적인 시점 속에서 발생한 세계대전은 유럽인의 시각에서는 대사건으로 기록되기에는 너무나 어마어마하여 그 한도를 넘어서는 것이었다. 그리고 이로 말미암아 파생된 많은 문제점들 중의 하나는 과거에 절대적 지위를 차지하던 유럽이 과연 다가올 미래에 어떠한 역할과 기능을 할 수 있을 것이며, 무너지고 황폐화된 유럽을 다시금 회복할 수 있을 것인가라는 불투명하면서도 회의적인 시각들이었다.

도슨은 1927년에 기고한 논문 "서구의 위기"에서 서구가 접한 미래에 대한 불확실성을 직시하고 19세기를 특징지었던 문명의 절대적인 가치에 깊은 관심을 기울였다.[21] 그는 유럽 전역에 만연해 있던 염세적이고도 자학적인 태도를 신랄하게 지적하였다. 그리고 그는 이러한 태도가 산업 자본주의, 그리고 민주주의를 대신한 사회주의와 양차대전의 결과라고 결론지었다.[22]

그리고 나서 도슨은 1933년부터 약 10여 년 동안 자신의 저작들을 통해서 서구문명 위기의 징후에 대한 진단과 평가를 하였다. 이 시기는 그의 연구 활동의 두 번째 시기로 그의 관심과 연구방향에 중대한 변화가 있었던 기간이기도 하다. 그의 초기 연구가 주로 문화의 형성과 변화에 집중되었다면, 두 번째 시기는 그가 양차 대전을 경험하면서 겪게 된 서구문명의 위기에 대한 인식과 관련이 있다. 그는 1933년부터 1939년까지 주로 민주주의, 전체주의, 사회주의, 공산주의 등 이데올로기와 정치적인 문제에 관심을 기울였다.[23]

---

21) Dawson, "Crisis of the West", *The Dublin Review*, vol.181, p.261: *Progress and Religion*, p.247 재인용.
22) Bruno P. Schlesinger, "Christopher Dawson and the Modern Political Crisis",(Ph. D. Dissertation, University of Notre Dame, 1949), pp.3-4 재인용.
23) 그와 관련되는 도슨의 저작들은 다음과 같다. *The Modern Dilemma: The Problem of Europe Unity*(London: Sheed & Ward, 1933); *The Spirit of the Oxford Movement*(London: Sheed & Ward, 1933); *Religion*

도슨은 서구문명이 그러한 상황을 겪게 된 데에는 유럽이 동양보다는 지리적으로 문화 접촉에 용이하고 문화를 변화시킬 수 있는 영향력이 크기 때문이었다는 것이었다. 그리고 그는 유럽을 고등문명의 발상지였던 고대와 바다 건너 신세계인 미국 사이를 잇는 유일한 연결고리로 평가하였던 것이다.24) 그는 서구의 문화가 셋으로 구성되어 있다고 설명하였다. 첫째는 그리스인들에 의해서 수립되고, 로마인들에 의해서 조직되어 서양 세계로 확대된 지중해 문화, 둘째는 중세 기독교문화, 셋째가 15세기부터 19세기까지 존재해 온 유럽민족들의 문화이다.25)

도슨은 그중에서 진정한 유럽문화라고 할 수 있는 것은 세 번째 문화라고 말하였다. 이 유럽이라는 단어는 그리스에서 기원했고, 중세에 가끔 사용되기는 하였다. 그러나 본격적으로는 르네상스시기에 이르러서야 학자들이 지중해의 오르비스 테라룸(*orbis terrarum*)을 구분하기 위해 도입한 개념이라는 것이다.26) 도슨에게 있어서 이 유럽은 하나의 대륙이 아니라 문화와 문명이 이상적으로 공유하는 규모가 작은 민족들의 공동체로 보였다. 그러나 이제는 이 유럽의 개념이 역사 속에서 모든 대륙과 인종, 민족들에게 영향을 주는 거대한 덩어리로 성장하게 되었던 것이다.

유럽은 식민지 정복사업, 교역, 과학과 공학의 발전에 힘입어 세력의 판도를 확장해 나가면서 과거에는 볼 수도 없었을 정도로 세계를 지배해 왔을 뿐 아니라 세계의 문화를 주도하는 세력으로 성장을 거듭하였다. 그러나 유럽은 이러한 과정이 절정에 도달한 순간부터 이데올로기에 의한 혁명과 양차 대전을 경험하였던 것이다. 그 결과 유럽은 정치적인 주도권을 상실하게 되었고, 19세기의 강대국들은 더 이상 영향력을 행사하지 못하게

---

  and the Modern State(New York: Sheed & Ward, 1938); *Beyond Politics*(London: Sheed & Ward, 1939).
24) Dawson, "Europe in Eclipse", In *Dynamics of World History*, pp.405-406.
25) 같은 책, p.406.
26) 같은 책, p.407.

되는 수순을 밟게 되었던 것이다.

도슨은 서구 문명이 확장해 나갈 수 있었던 요인을 다음의 세 가지로 보았다. 첫째, 서구의 정치적·경제적인 힘, 둘째, 서구의 과학과 기술, 셋째는 서구의 정치제도와 사회이념이 바로 그것이다. 사실 서구문명의 확장으로 기독교가 팽창되기는 하였으나 이 세 가지 것들에 비하면 미미한 수준에 불과하였다.27) 19세기에는 진보와 계몽을 추구하며, 자유와 인권을 중요시하는 자유주의가 서양문화를 지배한 종교의 역할을 대신하였다. 자유주의는 인도와 근동, 일본과 중국에도 그 영향력을 행사하였으나, 1930년대에는 종말을 고하게 되었고, 전체주의가 그 빈 공간을 채우게 되었다.

도슨은 서구문명의 이러한 일련의 상황을 위기로 진단하면서, 서구의 문명이 좌초하게 된 이유가 지난 천년 동안 지속되어 왔던 절대적인 정신 기반인 기독교를 상실한 데 있다고 거듭 주장하였다. 그는 단순히 유럽민족들의 정치적, 경제적인 세력의 쇠퇴 때문에 서구문명이 좌초한 것은 아니라고 역설하였다.28) 그것은 유럽문화의 독특성을 상실한 결과이며, 동양과 비유럽민족들이 동등한 문화적 지위를 주장하고 나선 결과이기도 하였다는 것이다. 그는 오늘날 서구의 기독교가 생명력을 상실함으로써 점차 영향력을 잃게 되었으며, 정치, 경제, 사회 등의 모든 문화는 종교적인 색채를 벗어버리고 세속화의 길을 걷게 되었다고 말하였다. 그리고 이것이 결국 서구 역사를 파국으로 몰아가고 말았다는 것이 도슨의 일관된 주장이자 논지였다.

도슨은 문명사가로서 서구가 처한 이러한 위기를 어떻게 타개할 것인지에 많은 관심을 갖게 되었다. 그는 특정한 혼합주의가 아니라 기독교의 전승을 온전히 회복하는 것이야말로 유일한 해결책이라고 주장하기에 이르렀다. 그는 기독교가 모든 사회 영역에 골고루 침투되어 소속되어 있는 사회

---

27) Bruno Schlesinger, p.47 재인용.
28) Dawson, "Crisis of the West", p.263.

의 구성원들을 기독교화 시키는 것이 당면한 서구의 위기를 극복할 방법으로 제시하였던 것이다. 물른 기독교의 회복만이 유일한 해결책인가에 대한 논의는 지속되어야 하겠지만, 도슨의 이러한 종교적인 입장에도 불구하고 그가 살았던 당시의 유럽은 이미 걷잡을 수 없을 정도로 파멸의 고통 속으로 빨려 들어가고 있었다. 우럽의 문명은 완전하고도 철저하게 분열되었고, 또 위협적인 여러 혁명세력들 앞에서 굴복하기 시작하였다. 따라서 서구의 문명은 근대 이후 혁명운동들을 통해서 새로이 탄생되었으나 그 때의 서구는 중세와는 다른 모습을 띠게 되었다.

서구는 르네상스와 종교개혁을 시발점으로 계몽주의, 프랑스 혁명을 거치면서 19세기를 지나 20세기로 넘어오는 동안 외형적으로는 신지식과 막대한 부, 그리고 새로운 힘의 자원들을 가지고 세계에 강력한 힘을 과시하였으나, 그 정신적인 기반은 상실되어 가고 있었다. 그 결과 오히려 대형화된 전쟁, 전제정치, 전체주의, 인권의 탄압 등이 자행되었던 것이다. 이런 과정을 거치면서 18세기 계몽주의 사상가들이 마음에 품었던 유토피아도 이제는 한낱 장밋빛 환상에 지나지 않았으며, 서구는 계속되는 세속화의 길을 걷게 되었다고 도슨은 평가하였다.[29]

2. 서구 문명 위기의 원인

도슨은 20세기를 서구문명이 위기에 도달한 세기라고 진단하였다. 문명의 파괴는 2차 대전을 경험하면서 절정을 이루게 되었다. 그 위기로 인해서 유럽인들은 현대문명에 대한 불확실성과 미래에 대한 염려 등을 갖게

---

29) Christopher Dawson, *Religion and Modern State*(New York: Sheed & Ward, 1938), p.139; DonnaRose Echeverria, "Christopher Dawson Revisited", *Fides et Historia*, vol.29, no.3(Fall 1997), p.32.

되었다. 당시의 그들은 세계사적인 의미에 대한 진지한 성찰을 요구하였던 것이다. 그런 이유로 해서 도슨은 당대에 발생했던 세계사적인 사건들의 원인을 제시하기 위해서 잃어버렸던 접촉점들을 되찾아, 근원으로 되돌아 갈 것을 요구하였던 것이다. 그는 유럽문명을 해체시키고 위험요소들을 제거함으로써 유럽이 지닌 문화전통에 입각한 사회질서를 재창출할 수 있는 방법을 모색하였다. 그는 그러한 방법을 정치적, 경제적인 측면보다는 정신적인 데서 찾고자 하였다.

도슨은 우선 서구문명을 오랫동안 유지할 수 있도록 한 공동의 정신이 상실되었다고 지적하였다. 그는 문제의 핵심이 19세기 가톨릭 개혁가들이 공유하였던 것처럼 종교의 쇠퇴에 있다고 보았다. 이를테면 아무리 물질적으로 발달한 사회라 할지라도 그 사회의 문화적인 근간이 되는 종교를 상실한 사회는 조만간 그 사회를 둘러싸고 있는 문화 또한 상실해 버린다는 것이었다.[30] 그는 문화 없는 사회는 존재할 수 없다고 역설하였다.[31] 그러므로 서구문명에 대한 종말의식은 도슨이 서구문명에 대한 위기의식에서 시작되었다는 것은 자명하다.

도슨의 서구 문명에 대한 위기에 대한 관심은 때때로 자신의 저작들 속에서 당면한 사건들이 서구 문명의 파괴에 끼친 영향의 정도에 따라서 조금씩 다르게 표현되기도 하였다. 그는 슈펭글러가 주장한 문명의 위기에 대한 비관주의를 인정하면서도 그 대처 방법에 있어서는 차이를 보였다. 그의 인식은 슈펭글러와는 달리 완전히 종교적인 색채를 띠었다. 그는 기독교의 전승과도 궤를 같이 하였는데, 그것은 바로 묵시적인 종말의식이었다.

도슨의 저작들 속에는 묵시적 종말의식이 여과 없이 그대로 노출되어 있음을 볼 수 있다. 이를테면 그의 저작들은 구약성서의 선지자들이나 초

---

30) Dawson, *Progress and Religion: An Historical Enquiry*(London: Sheed & Ward, 1945) p.233.
31) Dawson, *The Judgment of the Nations*(New York: Sheed & Ward, 1942), p.124.

대 교부들과 비슷한 문제의식을 표출하였다. 그 종말의식은 문명에 대한 낙관주의를 표방하였던 것이다. 도슨은 2차 세계 대전이 발발하기 이전에 저술한『옥스퍼드운동의 정신(*The Spirit of the Oxford Movement*)』에서 당면한 위기의 현상과, 그리고 이를 해결하고자 하는 유럽인들의 노력을 설명하고 있다. 그러나 그는 종교 아닌 다른 어떤 것들도 이 문제를 해결할 수 없다고 설명하였다. 그는 액튼(Lord Acton)의 말을 인용해서 역사이해의 열쇠는 종교이며, 이것만이 유일한 실마리가 된다고 역설하였다.[32]

도슨은 1942년 당시의 유럽에 대한 자신의 입장을 다음과 같이 표현하였다.

> 지난 100년은 인간의 생활을 세계사의 다른 어떠한 시기보다도 더욱 철저하게 변화시켰다. 이 기간에 일어난 변화들은 천천히 흐르던 강이 급박하게 흘러내리는 폭포로 변하는 것처럼 컸었다. 그리하여 도시들은 그 규모가 더욱 커졌으며 수적으로도 증가했을 뿐 아니라 세계를 하나의 거대한 도시로 만들어 버렸다. 바빌론이 인간정신의 모든 기준이 되었듯이 모든 인간행위의 행동패턴은 단일화되기어 이르렀다.[33]

도슨은 전후에 자신의 견해를 다양한 방법으로 표출하였으나 서구문명이 결국 종말에 도달했다는 자신의 확고한 입장을 다양한 곳에서 밝혔다. 그는 1960년 메사추세츠의 캠브리지에 머물면서 다음과 같이 기술했다. "기독교 교리의 종말론적 측면은 에드워드 시대의 사람들에게는 너무나 낯설어서 임박한 세상의 종말을 믿지 않더라도, 일단 문제의 심각성을 느낄 정도가 되면, 이미 세상은 끝나고 있다."[34] 즉, 세상은 위기에 도달함으로

---

32) Dawson, *The Spirit of the Oxford Movement*(New Ycrk: Sheed & Ward, 1934), pp.143-144.

33) Dawson, *The Judgment*, pp.4-5.

34) Dawson, *The Historic Reality*, p.23. 도슨은 토인비의 견해에 비판적인 입장을 취하고 있다. 토인비는 세상의 종말은 좋은 것이며, 혼합종교(syncretic religion)를 기초로 세계문명으로 나아가는 디딤돌이라고 주장하였다. *The*

써 역사의 종말은 시작되고 있다는 것이었다. 그 종말은 곧 종교의 쇠퇴를 의미했으며, 이 쇠퇴로 말미암아 서구 문명의 세속화가 진행되고 있다는 것이었다.

도슨이 주장한 당면한 문제는 서구에서 1000년 이상이나 지속되어 서구제국의 문명을 형성하는 데 핵심적인 역할을 한 종교가 더 이상 지탱될 수 없게 되었다는 것이었다. 그는 서구의 기독교가 그 생명력을 상실한 채 죽어가고 있으며, 정치, 경제, 사회, 문화 등 모든 분야가 기독교에서 이탈함으로써 세속화의 길을 걷고 있다고 말하였다. 그는 이것이 서구의 역사를 파국으로 몰고 가는 것이라고 역설하였다.[35]

그래서 도슨은 먼저 서구 문명의 위기로 말미암은 세속화의 현상에 대한 원인을 분석하는 작업부터 시작하였다. 그는 분석의 결과 다음과 같은 결론을 내리게 되었다. 첫째, 도슨은 세속화의 시작이 남유럽의 르네상스와 북유럽의 종교개혁의 결과로 말미암았다고 평가하였다. 서로가 친밀하지도 않고 관련성도 없는 이 운동들은 세속문화 자체를 낳은 것은 아니지만, 나중에 등장하게 되는 서구문명의 세속화를 만들어주는 환경을 조성하였다는 것이다. 둘째, 그는 또한 세속화가 새로운 과학적인 세계관이 등장한 결과였다고 설명하였다.[36] 도슨은 자신의 이와 같은 설명에 대해서 여러 가지 논의들이 있을 수 있겠지만, 과학적인 세계관은 이제 중세의 관점과는 달리 초자연적인 힘에 대한 신앙과는 더 이상 양립할 수 없도록 하였다고 이해하였다.

Dynamics of World History(New York, 1957) pp.390-404참조.

35) Dawson, *The Historic Reality*, p.24.

36) William A. Speck, "Christopher Dawson: The Christian Intellectual as Antimodernist", *Christian Scholar's Review*, vol.14(1985), pp.107-123 참조할 것. 도슨의 과학관과 기술관은 다음의 글을 참조하라. Russell Hittinger, "Christopher Dawson on Technology and the Demise of Liberalism", Carl Schmitt ed., *Christianity and Western Civilization: Christopher Dawson's Insights*(San Francisco: Ignatius Press, 1995), pp.73-95.

뿐만 아니라 새로운 과학은 세계를 기계적으로 해석함으로써 선험적인 가치에 근거한 종교적인 세계관은 허구라고 공격하기에 이르렀다. 그 시기에 과학은 종교에 맹신하는 것보다 더욱 믿을 만한 것이며, 보다 가치 있는 것으로 간주되는 흐름으로 전개되었던 것이다. 결과적으로 과학의 명성은 시간이 흐를수록 증대되었지만, 종교의 지적인 명성은 점차 쇠퇴하게 되었다. 그래서 도슨은 과학이 기독교의 적은 아니지만 기독교의 지적, 영적 권위를 침해하였다고 평가하였다.[37]

셋째, 도슨은 당시에 많은 의사종교[38]들이 등장함으로 세속화는 더욱 심화되었다는 것이다. 그는 이들 의사종교들이 기독교의 이상에서 영감과 개념을 얻었을 뿐 아니라 세속적인 진보라는 개념도 서로 공유하였다고 주장하였다.[39] 그리고 이 의사종교들은 과학의 진보로 말미암아 더욱 힘을 얻게 되었다는 점 또한 강조되었다. 도슨은 그중에서도 계몽주의가 관념적이고 유물론적인 여러 다양한 종교들의 토대가 되었을 뿐 아니라 기독교의 전승을 공격하는 등 세속화의 중심에 서 있다고 주장하였다.[40] 도슨에게 있어서 기독교문화의 실질적인 파괴자는 디드로(Denis Diderot, 1713-1784)와 볼테르(François Marie Arouet Voltaire, 1694-1778)가 아니라 루소(Jean Jacques Rousseau, 1712-1778)와 그의 제자들이었다.

도슨은 이들이 계몽주의의 이신론자들로서 묵시 종교적인 차원을 제시하였다고 설명하였다. 특히, 루소는 이성존중의 풍조에 반항하여 이성보다

---

37) William A. Speck, "Dawson on Technology", p.74.

38) 의사종교는 유사종교(類似宗敎)라고도 하는데, 공인되지 않은 종교로서 유사성과 사이비성 모두를 내포하고 있다. 서구에서는 1차 대전을 전후해서 비교종교학이 대두되어 일반화 되지 못한 미개종교 내지는 고등종교와의 비교를 통해서 등장하였다. 도슨은 특히 루소의 사상을 종교에 비유하여 상징적인 의미로 사용하고 있다.

39) Arnold Sparr, *To Promote, Defend and Redeem: The Catholic Literary Revival and the Cultural Transformation of American Catholicism 1920-1960*(New York: Greenwood Press, 1990), p.107.

40) Dawson, *The Modern Dilemma: The Problem of Europe Unity*(London: Sheed & Ward, 1933), p.44.

감정과 본능이 인간행위의 더 중요한 동기임을 가르치고자 하였다는 것이다. 그리하여 그는 자신의 이상을 실현하고자 근대문명과 과학의 진보에 대한 신조를 버리고 자연의 상태로 되돌아 갈 것을 주장하였다. 그의 묵시 종교적인 차원은 인간의 이성과 외형적인 기관이 아니었다. 그는 인간의 양심이 내면의 감정과 본능을 통해서 표출되며 그 마음속에는 영원성을 갈구하는 자연의 법칙들이 내재되어 있음을 강조하였다.41)

넷째로 도슨은 서구문명의 세속화 역사에서 중요한 순간은 19세기에 있었다고 보았다. 그 세기는 바로 가톨릭 낭만주의의 강력한 적인 자유주의가 승리하는 시대였다는 것이다. 그 자유주의가 계몽주의를 대신해서 역사의 또 다른 주역으로 등장하였다는 것이다. 그러나 자유주의 역시 당면한 현실의 필요들을 채우기에는 역부족하였다고 그는 평가하였던 것이다.

그리고 마지막 다섯 번째로 도슨은 20세기가 19세기에 비해서 새로운 종교를 만들어 내지 못하였다는 점에 주목하였다. 그는 19세기 자유주의가 1930년대에 죽었다고 설명하였다. 왜냐하면, 당시 그의 평가는 중세를 지탱해 주었던 기독교, 그리고 19세기에 종교를 대신하여 일시적인 역할을 하였던 계몽주의를 대체할 수 있는 새로운 종교가 사라졌기 때문이었다. 그리하여 도슨은 그 시대가 정신적인(영적인) 진공상태(spiritual vacuum)를 초래하게 되었다고 설명하였다. 그는 이러한 진공상태를 채우고자 시도된 다양하면서도 위험스런 의사종교로는 파시스트와 공산주의 등의 형태를 띠는 전체주의라고 피력하였다.42)

도슨의 세속화 관점은 인간이 종교 자체에 등을 돌린 것이 아니라 기독교와 의사종교로부터 멀어진 것이었다. 그렇기 때문에 서구가 세속의 문화나 문명의 모습을 띠는 것은 일시적인 상태로만 보였다. 물론 어떤 측면에

---

41) Dawson, *Progress and Religion: An Historical Enquiry*(New York: Sheed & Ward, 1929), p.202; "Education and State", *The Commonweal*, vol.65(January 25, 1957), p.424.

42) Dawson, *Christianity in East and West*(La Salle: Sherwood Sugden & Company, 1981), p.105.

서 보면 어느 시대에나 영적인 진공상태는 존재할 수 있지만, 이것은 지속적이지는 않았다. 서구문명이 세속화되었다고 말하는 도슨의 입장은 앞으로 전개해 나갈 그의 논지를 끌어내 주기 위한 상황설정이다. 그는 기독교문화를 어떻게 회복시킬 것인가에 대한 고민 속에서 먼저 서구문명의 현재적 상황을 진단하였던 것이다. 따라서 그의 세속화 개념은 종교쇠퇴에 관한 것이었다. 이 종교쇠퇴는 사회적인 차원과 개인의 의식적 차원 모두에게 나타난 현상이기도 하였다.

도슨은 사회가 종교의 쇠퇴를 맞이하고 시간이 지나 결국 종교를 상실하게 된다면 사회는 내적인 구심력을 잃게 되며, 나아가 사회적 해체과정에 접어든다는 점을 각인시켰다.43) 그는 이 해체의 과정이 일시적으로는 의사종교로 대체되어 종교적 형태를 상실하지 않은 채 활동을 확대시킴으로써 부분적으로 세속화 사회가 되거나, 아니면 종교적 형터 자체를 와해하는 진정한 세속화를 거치는 사회로 나아가는 것으로 구분지어 설명하였다.44) 도슨의 논리를 그대로 따른다면 세속화의 과정이 완료되면 사회 해체의 과정도 완료되며, 문화가 막을 내리게 되는 것은 시간문제인 셈이다.

따라서 도슨의 말대로 근대 세계가 중요한 결정을 내려야 할 시점에 와 있는 것인지도 모를 일이다. 그의 진단이 옳다고 하면 서구 세계는 반드시 선택해야만 하는 시점에 와 있는 것이다. 서구가 기독교로 돌아갈 것인가, 더욱 열등한 문명으로 전락할 것인가, 아니면 세속화의 길로 나아갈 것인가 말이다.

---

43) Dawson, *The Dynamics of World History*(La Salle: Sherwood & Sugden & Company, 1978), p.100.
44) Dawson, *The Dynamics*, p.101.

3. 세속화의 과정

(1) 르네상스와 프로테스탄트 종교개혁

도슨은 세속화의 과정을 다음과 같이 설명하였다.

> 세속화의 과정은 신앙의 상실로부터 시작되는 것이 아니다. 그 과정은 신앙의 세계에 대한 사회적 관심의 상실로부터 도래하기 시작하는 것이다. 인간들이 종교를 평범한 생활양식과는 무관한 것으로 간주함으로써 자신들이 속해 있는 사회 그 자체는 신앙의 여러 가지 진리들과 아무런 관련이 없다고 생각하는 그 순간 세속화는 곧 시작되는 것이다.[45]

서구문명이 세속화되었다는 그의 논의는 신앙세계에 대한 사회적 관심의 상실로부터 유래하는 것이었다. 왜냐하면, 세속화는 특정한 문화가 형성되도록 하는 데 중요한 역할을 한 종교의 상실이 개인의 집합체인 사회에서 시작되는 과정이기 때문이다. 도슨은 서구에서 세속화의 도래 과정이 궁극적으로 세 가지 요인들로 구성되어 있다고 지적하였다. 첫째, 19세기에 기독교통합의 실패로 말미암아 국민국가와 의사종교 등 세속 정치의 성공, 둘째, 의사종교의 도래, 셋째, 기독교인들이 개인적인 신앙을 현실적으로 상실하여 세계에서 결정적으로 중요한 순간에 그들의 책임을 다하지 못한 데서 오는 실패 등이다.

도슨에게 있어서 기독교통합의 실패는 사회적, 종교적 통합의 실패를 의미하는 것이었다. 이 통합의 실패는 곧 서양 중세의 종교와 문화를 하나로 통합시키고자 하였던 실패 자체에 그 기인하는 것이었다. 그는 이런 점에서 중세 기독교의 이상주의, 즉 종교와 문화가 하나로 통합되는 것을 동경하였다. 그의 중세에 대한 동경심은 다수의 학자들, 특히 화이트(Hayden V.

---

45) Dawson, *Historic Reality*, p.19.

White)로부터 중세주의자, 혹은 반근대주의자, 복고주의자라는 비판을 받기도 하였다.[46] 물론 통합이라는 용어가 중세세계에 적용될 때 도슨에게 있어서는 그것이 반드시 전체적인 통합만을 의미하는 것은 아니었다.

중세의 기독교세계는 중국과 같은 동양의 문명들과 사회적, 문화적 동질성(homogeneity)을 갖는 것이 아니었다. 그 시대는 지중해의 라틴문화, 더 나아가 북유럽의 야만스턴 부족사회와 같이 다수의 차별성 있는 초기의 문화전승들과 통합되고 도금되었던 것이다. 그리하여 그 시기는 문화전승의 다양성을 기초로 민족정신과 개별 민족문화의 형성을 이루었다. 이러한 완전한 통합은 물론 르네상스와 종교개혁의 시기에 이루어졌다. 문화, 종교, 정치, 교회조직이 서로 비슷하다는 의식을 가진 중세의 통합은 원심운동으을 함으로써 분열되어졌던 것이다.[47]

도슨에게 있어서 중세의 통합은 유럽의 종교가 대중들을 철저하게 지배함으로써만 가능하였던 것이다.[48] 그러나 근대로 넘어오면서 종교와 문화는 분리의 과정을 겪게 되었고, 르네상스와 종교개혁 이 양자가 그 같은 분리의 구조를 형성하는 데 일조한 측면이 있었다.[49] 결과적으로 르네상스와 종교개혁은 공히 동일한 세속화의 과정으로 나아가는 밑거름이 된 것은 필연이었다. 도슨은 남유럽과 북유럽이 민족의 정체성을 찾고, 또한 이를 확고히 하고자 제각기 민족문화의 근원을 찾는 시도 또한 있었다고 설명하였다.[50]

---

46) Hayden V. White, "Religion, Culture and Western Civilization in Christopher Dawson's Idea of History", *English Miscellany*(Rome, 1958), p.287.

47) Dawson, *Progress and Religion*, pp.185-186.

48) Wilhelm Pauck, "The Christian Faith and Religious Tolerance", *Church History*, vol.15, no.3(September 1946), p.222.

49) Anne Husted Burleigh, "Culture and Christendom: The Division of the West", *The Intercollegiate Review*, vol.2, no.2(1965), p.154.

50) Dawson, *Progress and Religion*, pp.185-186.

남유럽 지역의 사람들은 과거의 옛 문화들을 고스란히 전승하고자 하였는데, 그들의 이러한 태도는 잃어버린 유산을 회복함으로써 자신들의 정체성을 분명히 하는 작업이었다. 나아가 고전교육을 부활시키고자 하는 그들의 노력은 그 같은 결과를 얻으려는 과정의 하나로 충분히 간주할 수 있는 것이다. 그렇지만 그들은 중세에 대한 반발심 또한 마음속에 품고 있었는데, 그 이유는 단순히 종교적인 배타성 때문만은 아니었다. 그들은 타지역에 비해서 문명적으로 이질적이고도 미개하였기 때문에 중세문화에 반발심을 가졌던 것이다. 예를 들어 그들은 자신들의 치욕적인 야만주의의 멍에로부터 벗어날 뿐 아니라 라틴세계를 해방시키고자 십자군에 들어갔던 것이다.51)

이에 반해 북유럽은 회복할 만한 영광스러운 과거가 존재하지는 않는 것으로 보였다. 그렇기 때문에 그들은 기독교 전승을 재형성하고, 변화시킴으로써 민족적인 자각을 시도하고자 하였다. 도슨은 그러한 모습 즉, 북유럽의 르네상스가 종교개혁의 한 모습이었다고 평가하였다.52)

도슨이 생각하는 르네상스관은 기존의 연구자들 간의 동의가 이루어진 견해와는 같아 보이지 않는다. 물론 도슨은 르네상스가 고전문화의 부흥에 중요했다는 점, 그리고 근원으로 되돌아가기(*ad fontes*) 위해서 교육과 연구의 혁신이 필요하다는 기존의 견해들을 부인하지는 않았다. 그리고 그는 단지 종교와 문화의 분리라고 하는 맥락 속에서 통합되었던 중세의 유럽이 르네상스로 말미암아 분열을 초래하게 되는 단초가 되었다는 것이다. 그는 이러한 맥락 속에서 자신의 관점을 표출해 내고 있는 것이다. 그는 무엇보다 르네상스가 하나의 새로운 도시문화를 창조하는 데 결정적인 역할을 한 것은 물론이고, 수도사의 생활을 보다 윤택하게 하며, 나아가 세속생활을 장려하려는 운동이었다는 점 또한 긍정적으로 평가하였다. 도슨은 이러한 문화적 변화에 대해서는 다음과 같이 기술하였다.

르네상스는 인간의 자기발견과 자아실현의 시작임을 알리는 시기였다. 이

---

51) 같은 책, p.186.
52) 같은 책.

에 반해서, 중세는 인간들이 초자연적인 힘에 의지하여 자신들의 삶을 겸손하게 낮추고자 하는 시도들이 점철 된 시기였다. 그리고 그들의 지식적인 이상은 자신의 왕국을 개척하는 인간 정신의 탐구가 아니라 신의 지성으로부터 발산되는 영원한 진리를 직관하는 것들이었다(*irradiation et participatio primae lucis*). 이러한 설덩과는 정반대로 르네상스인은 자연세계와 인간의 경험을 토대로 영원하고 절대적인 세계로부터 벗어나는 것이었다. 다시 말해 르네상스인은 초자연적인 존재에 전적으로 의존하기를 거부하고 그들의 독립성과 현존의 질서의 우월성을 옹호하였다.[53]

근대과학 역시 르네상스의 인간관과 자연세계에 대한 변화로 인해서 발전을 거듭하게 되었다. 이제 근대과학은 초자연적인 존재로부터 스스로 독립선언을 한 것처럼 보였다. 근대과학은 인간의 자유와 지식의 정신적인 기반을 신에게 의존하지 않도록 도와주는 역할도 하였다. 따라서 도슨은 르네상스의 예술적 이상과 근대 과학의 발전 사이에는 일면의 연관성이 있다고 보았다.

이러한 근대 과학은 기독교 입장에는 위험스러운 것으로 간주될 수 있지만, 기독교세계와 인간의 븐성에 대한 새로운 이해를 갖도록 해주는 긍정적인 기능도 하였다. 이제 인간은 우주에서 정신이라고 하는 높은 실재와 물질이라고 하는 낮은 실재 사이를 연결하는 고리로서의 위치를 상실하게 되었다. 궁극적으로 이 르네상스관은 물질의 우월성을 높이게 되었으며, 인간의 양심세계는 주관적이고 비실제적인 것이며, 인간은 광대한 물질의 질서 속에서 나타난 부산물에 불과하게 되었다.[54]

도슨은 르네상스 휴머니즘이 근대과학의 철학적 인식론을 통해서 종교와 서구문화를 분리하는 데 일조했다면, 종교개혁은 이들 사이를 더욱 촐

---

53) 같은 책, p.187.
54) 같은 책, p.194. 도슨은 정신과 도덕질서의 실재가 더 이상 단일한 질서 속에서 물질적인 우주의 체계와 조화를 이룰 수 없게 되었으며, 결과죠으로 정신과 영혼의 철학적인 이원론이 야기되었다고 인정하였던 것이다.

저하게 분리시켰다고 평가하였다. 그는 종교개혁이 서구문화와 종교의 통합성을 파괴시켰으며, 종교 분파들 간의 파편화를 조장하였다는 것이다.[55] 그리하여 종교개혁의 문제는 세속적인 경향으로가 아니라 종교와 문화가 서로 분리된 채로 여러 방향으로 나아가게 하였다는 데 있었다. 신학적으로 볼 때 루터파, 특히 칼뱅주의자들은 종교적인 의미에서 초월적인 존재에 더욱더 가까이 가고자 노력하였는데, 그는 이것이 곧 로마 가톨릭 신학과의 단절을 초래하게 되었다고 주장하였다.[56]

가톨릭이 중세의 종교의식과 상징주의, 성찬식 등을 문화의 한 형태로 간주하여 신앙과 더불어 그 명맥을 유지하였으나, 종교개혁자들은 오로지 성서에 나타난 말씀을 통해서 개인의 영혼구원만을 강조함으로써 중세 가톨릭의 모든 종교의식을 부정하였다고 도슨은 이해하였다. 그 결과 기독교 세계는 서로가 적대적이 되었고 혼란 속으로 빠져들어 가게 되었다는 것이 그 주된 이유였다.[57] 따라서 종교개혁 이후부터는 분파주의가 등장하게 되었고, 이것 또한 정식 종교로서의 실체가 인정되기에 이르렀다. 게다가 이 분파주의는 여과 없이 허용되었을 뿐 아니라 서로 자극제의 역할을 하기도 하였다. 그리하여 그 같은 양상은 신앙의 세계 안에서는 사회적인 상실과 함께 개인의식의 상실도 경험하도록 만들게 되었던 것이다.

정치적으로 볼 때, 종교개혁 이후에 종교 때문에 자행된 지난 150여 년 동안 유럽전역의 혼란은 결국 정치가들이 승리할 수 있는 터전을 만들어 주었던 것이다. 도슨은 루이 14세가 프랑스를 입헌주의로 당당하게 통합할 수 있었던 것도 그가 위그노파를 축출하고 얀센주의자들을 이간시킴

---

55) Dawson, *The Dividing of Christendom*, p.3; James Hitchcock, "Christopher Dawson: A Reappraisal", *The American Scholar*, vol.62, no.1(Winter 1993), p.113.

56) Dawson, *Progress*, p.185.

57) 같은 책 p.189. 도슨은 루터를 다음과 같이 평가절하 하였다. 즉 루터가 비지성적이고, 헤브라이즘적인 사상을 강조함으로 철학적이고 헬레니즘적인 요소들을 제거하였다는 것이다. 그리하여 헬레니즘 없는 바울을 취하고 플라토니즘 없는 아우구스티누스를 취했다고 지적하였다.

으로써 이루어진 것이었다고 기술하였다.58) 도슨은 또한 1638년을 영국이 종교적인 기반 위에 사회를 세우려는 마지막 시도이자, 진보적인 세속화의 길을 트기 시작한 해로 간주하기도 했다.59) 프랑스의 앙리 4세가 낭트칙령을 선언함으로써 구체화된 종교적인 문제들을 정치적인 방법으로 해결한 것은 바로 정치적인 실용주의였다는 것이다.

도슨은 무엇보다 서구 세속화의 1차적 원인이 가톨릭과 프로테스탄트의 분열이라고 단정하였다. 그 둘 사이의 밀고 당기는 갈등이 역사적인 흐름에 따라 지속됨으로써 세속의 정치가 종교적인 문제를 해결하고자 휴머니즘과 과학을 그 대체물로서 이용하였다. 그러나 그러한 일은 서구의 세속화에 더욱 부채질한 결과가 되었다는 것이 도슨의 입장이다. 왜냐하면 종교적인 갈등으로 빚어낸 세속화가 해결되기 위해서는 종교적으로 문제를 풀어나가야 했었는데, 그렇지 못했기 때문이다. 그는 정치의 그러한 전략이 오히려 세속화를 더욱 가속시키게 되었으며, 그 결과로 시민생활에서 종교는 점차 제거되기에 이르렀다고 평가하였다.60)

그는 세속화가 신앙의 상실이 아니라 신앙을 잘못 강조하였기 때문에 일어난 것이었다고 부연하였다. 예를 들면, 남부 유럽의 바로크 문화나 프로테스탄트 북부의 종교적인 열정은 한껏 고양되었다는 것이 그 증거였다. 당시의 세기는 존 녹스(John Knox)와 칼뱅(John Calvin), 성 필립 네리(St. Philip Neri), 아빌라의 성 테레사(St. Teresa of Avila), 로욜라의 성 이그나티우스(St. Ignatius of Loyola)와 같은 열심 있고, 종교적으로 헌신된 인물들이 활동했던 시기였다.61) 그러나 그들의 종교적

---

58) 같은 책, p.196.
59) 같은 책, p.197.
60) Dawson, *Judgment of Nations*, p.161.
61) 도슨에게 있어서 종교개혁은 본질적으로 세속화의 원천으로서 중요한 역사적 시점을 나타내는 것이었다. 그러나 그는 유럽문화가 16세기에 르네상스나 종교개혁의 결과로 세속화 되었다고 상정하는 것은 잘못된 것이라고 논의하였다. 왜냐하면 17세기에도 아직 가톨릭과 프로테스탄트 국가들이 여전히 맹위를 떨칠 정도로 종교의 세기였기 대문이다. Dawson, *The Gods of Revolution*(New

인 열정과 노력에도 불구하고 실제적인 입은 손상들은 이미 치유되기에는 너무 늦었다. 왜냐하면 그들의 종교적인 열심과는 상관없이 이미 그 시기는 개인의 구원과 성경의 원리만 오로지 강조되었기 때문이었다. 그리하여 이제 기독교세계와 신앙은 분리되었으며, 심각하게 타격을 입었던 것이다.

기독교세계의 분열은 전쟁과 함께 중세 후기의 코스모폴리탄 문화와 기독교적 지성문화를 파괴할 수 있을 정도로 위협적인 존재가 되었다. 물론 이 새로운 분열상태를 정치적으로, 지성적인 방법으로 해결하고자 하는 시도가 있기는 하였다. 에라스무스(Desiderius Erasmus, 1466-1536)와 루터(Martin Luther, 1483-1546)가 바로 그러한 예가 된다. 이를테면 에라스무스는 평신도와 성직자가 신 앞에서 신분적으로 평등하고도 동일한 위치를 갖는다고 주장하여 평신도의 성경읽기를 강조하였던 점이다. 게다가 그가 가톨릭신자임에도 불구하고 의식과 사제, 제도와 성례보다는 개인의 종교적인 내면성을 강조하였다. 그는 이러한 측면에서 루터와 비슷한 교리적인 입장을 취하고 있었던 것으로 보인다.

그러나 루터가 칭의론(justification)을 통해서 신의 섭리와 주권을 강조함으로써 인간의 자유의지를 반박한 반면, 에라스무스는 인간의 자유의지를 강조함으로써 이 둘은 서로 교리적인 차이를 분명히 드러내고 있었다. 그들이 서로 다른 입장을 취함으로써 유럽이 프로테스탄트와 가톨릭의 지성세계로 양분되는 모습을 나타내는 것처럼 보이기도 하였다. 그렇지만, 그러한 분리는 아직까지 발생하지는 않았다.

유럽이 한편으로는 문화적으로, 다른 한편으로는 지성적으로 비종교적인 이슈들로의 전환을 통해서 약간의 상처를 입었지만 그 근간은 대체로 유지되었다. 그러나 기독교 휴머니즘을 표방하는 유럽의 지식인들은 더 이상 등장하지 않았으며, 더욱 세속화된 휴머니즘과 새로운 과학관을 지지하는 지식인들만이 출현하게 되었던 것이다.

York: University of Press, 1972), p.11.

서구 문명은 종교개혁 이후에도 통합에 대한 많은 관점들이 그대로 유지되었다. 르네상스 시기의 문학의 발전과 새로운 과학지식은 민족이나 특정 종교에 국한되지 않고 유럽 전역으로 퍼져나갔다. 케플러(Johann Kepler)와 라이프니쯔(Gottfried Wilhelm von Leibniz), 그리고 뉴턴(Isaac Newton)을 위시한 프로테스탄트들과 코페르니쿠스(Nicholas Copernicus,)와 데카르트(René Descartes), 그리고 갈릴레이(Galileo Galilei)를 위시하는 가톨릭 신자들은 근대과학을 정립하고자 서로 간에 협력하였다.[62] 유럽은 두 가지의 뚜렷한 문화로 구분되었는데, 그것은 가톨릭과 프로테스탄트였다. 이 두 문화는 유럽문화의 종교적인 통합을 재정립할 수 있는 기반이 된 반면, 다른 한편으로는 종교적인 논쟁을 벗어나 공통적으로 합리적이면서도 포괄적인 종교사상을 형성하였다.[63]

도슨은 당시의 시대적인 상황과 관련하여 인간들 스스로가 반종교적이라고 논하지는 않았다. 물론 일부는 극단적으로 종교적인 사람들도 있기는 하였다.[64] 그는 기독교가 사회적, 지적인 가치들에 끼친 영향을 축소시키고자 노력하는 사람들을 비판하였다. 더욱 중요하게 눈여겨보아야 할 점은 국제적으로 유명한 이들의 공동체 속에서 사람들의 신앙은 상실되게 되었고 계몽주의와 19세기 전체를 통틀어 반기독교적인 사상이 광범위하게 전파되었다는 것이다. 도슨은 바로 이러한 점에 그의 주된 관심을 보였던 것이다.

(2) 계몽주의와 프랑스혁명

도슨은 계몽주의를 순전히 유럽에만 국한된 단일한 성격을 지닌 운동으로 평가하였다. 그래서 그는 대표적인 계몽주의 사상가들로 영국의 이신론

---

62) Enrique Dussel, "From Secularization to Secularism: Science from the Renaissance to the Enlightenment", ed., Roger Aubert, *Sacralization and Secularization*(New York: Paulist Press, 1969), pp.101-102 참조.

63) Dawson, *Progress*, pp.197-198.

64) Dawson, *The Dividing of Christendom*(New York: Sheed & Ward, 1965), p.215.

자들, 프랑스의 반성직주의자들, 독일의 관념 철학자들, 그리고 스코틀랜드 경제학자들을 상정하였다. 도슨에게 있어서 이들은 모두 동일한 지적인 확신들을 갖고 있었던 것으로 보였다. 왜냐하면 그들은 기독교의 전통에 반대할 뿐 아니라 모두 새로운 과학에 전념하였기 때문이다. 그들 구성원의 다수는 유럽 전역에 골고루 포진되어 있었지만, 계몽이라는 단일한 목표를 갖고 있었다.

도슨이 계몽주의를 단일한 운동으로서 세속화의 한 원인으로 본 이유가 볼테르의 급진적인 반성직주의(anti-clericalism)[65]나 영국의 이신론(Deism)[66]이 등장하였기 때문만은 아니었다. 이들의 주장은 기껏해야 세속화에 부분적인 역할을 한 것에 불과하였다. 그는 계몽주의의 실제적인 중대성이 바로 사회적인 이상론이었다고 강력히 피력하였다. 이 이상론은 강력한 의사종교를 형성하였으며, 루소의 종교적인 비전과 결합되어 있었다는 것이 그 주된 이유였다. 그리고 그는 이것이 프랑스혁명의 주도적인 이념이 되었다는 것을 부각시켰다. 그 결과 프랑스에서 사람들은 진보적인 의사종교를 위해서 자신들의 삶을 억지로라도 포기하기까지 하였다. 도슨은 이러한 방식을 다음과 같이 요약하였다.

이신론자들에게 있어서 신은 단지 *deus ex machina*(급할 때 도와주는 신)이자, 추상적인 개념에 불과하였다. 이에 반해 진보에 대한 믿음은 인간의 감정을 자극하고, 순수한 종교적 열정을 불러일으키는 이상이었다. 이러한 믿음은 프랑스 계몽주의 합리주의자들에게만 국한되지 않았으며 독일관념론과 영국의 공리주의, 자유주의의 형성에도 중요한 역할을 하였다.[67]

---

65) 도슨은 프랑스 회의주의는 잘못된 명칭이라고 언급하였다. 종교적 측면에서 프랑스가 회의주의라면 그들은 관용적이었다는 것이다. 그러나 프랑스 계몽주의의 합리론은 16세기의 종교개혁가들 만큼이나 종교적인 측면에서는 세속적 철학운동에 해당되며, 불관용적이고 인습타파주의라는 것이다. Dawson, *Progress*, p.201 참조.

66) 도슨은 이신론을 기독교의 幻影으로, 그리고 독립된 삶을 갖지 못한 정신적 妄想으로 묘사한 적이 있다. Dawson, *Progress*, p.199.

그리고 도슨은 아담 스미스(Adam Smith, 1723-1790)의 물질적 진보조차도 종교적인 낙관론에 의존하고 있다고 언급하였다. 그는 스미스의 학설이 나중에 영국의 자유주의의 한 특징으로 남게 되었다는 점 또한 설명하였다.[68] 그리하여 도슨은 진보에 대한 믿음이 유럽의 마지막 이단이자 프랑스혁명의 기초라고 결론을 내리기에 이르렀던 것이다.[69] 물론 도슨의 입장에서 프랑스혁명이 기독교세계에 행한 강력한 파괴력을 지나치게 강조하는 일은 어려운 것이기도 하다. 그렇지만, 그가 중세의 기독교적 통합을 깨뜨린 동인을 추적하는 작업에서는 그것이 꼭 필요한 부분이었다.

그런 점에서 프랑스혁명은 곧 구질서의 종말을 의미하는 것이기도 하였다. 이를테면 중세 기독교세계에 존재하던 교회의 권력, 계서적인 신분조직, 왕에게 주어진 신성한 권력 등이 말끔히 제거되는 것이었다. 이제 앙시엥 레짐(*ancien regime*)은 커다란 타격을 입었기 때문에 신성동맹의 강대국들과 비인회의의 모든 정치가들은 제반 여건들을 다시 회복시킬 수 없었던 것이다.[70] 그러므로 그 혁명은 곧 전체적인 혼란으로 말미암은 파괴를 의미하는 것으로 이해될 수 있는 것이었다.

도슨에게 있어서 프랑스혁명은 기본적으로 종교적인 운동이었다.[71] 그는 프랑스혁명의 역사에 대해서 다음과 같이 논평하였다.

프랑스혁명의 흐름은 정치적, 경제적인 변화에 주의를 집중해 왔다. 그러

---

67) 같은 책, p.201.
68) 같은 책.
69) 같은 책.
70) Dawson, *Understanding Europe*(New York: Sheed & Ward, 1952), p.45.
71) 도슨이 프랑스혁명을 종교적인 특성을 지닌 것으로 평가하는 것은 매스트르(Joseph de Maistre)의 영향이다. 매스트르가 생각하는 프랑스 혁명은 신의 섭리를 바탕으로 그의 목적을 달성하고자 악을 걸러내어, 지상에서 신의 왕국을 건설하는 것이라고 하였다. Joseph Maistre, *On God and Society* (Chicago: Henry Regnery Company, 1959), p.23; Dawson, Progress, p.206.

나 우리는 정치적인 변화에 대한 어떠한 문제가 발생한 후에야 그 전에 일어났던 지성 혁명에 충분한 주의를 기울이지 못했음을 후회하였다. 서구문화의 세속화에 책임이 있는 것은 바로 지성 혁명이다. 세계를 변화시켰던 다수의 운동들과 마찬가지로 이 지성운동은 결과적으로는 반종교적으로 표현되었지만, 그 의도는 종교적이었다.[72]

프랑스혁명이 겉으로는 계몽주의라고 하는 합리적인 낙관론의 색채를 띠었다는 주장은 반론의 여지가 없는 당연한 것처럼 보였다. 그리고 도슨도 이러한 면을 초기에는 전적으로 인정하였다. 그렇지만 그는 프랑스혁명이 종교적인 성향도 띠었다는 점을 적극 부각시키고자 시도하였다. 그는 그런 점에서 강한 책임성을 가지고 있는 인물이 바로 루소라고 지적하는 일 또한 빠뜨리지 않았다.

루소의 가르침으로 나타난 영향을 과장하는 것은 불가능하다. 계몽주의는 그의 가르침으로 인해 어두운 들판에서부터 환하게 불을 밝힌 살롱에 이르기까지 거의 모든 영역에 따스한 영향을 주는 서풍처럼 훌륭한 인공의 세계가 되었다. 그리하여 모든 슬픔의 눈물을 닦아주고, 축축한 대지에 향기로운 공기를 불어넣어 주고, 촉촉한 단비로 야채를 적셔주는 것 같았다. 그러나 광인이면서도 허풍선이인 이 독재자의 철학운동이 진보세력들을 분리시켰기 때문에 중년의 볼테르(François Arouet Voltaire, 1694-1778)는 루소의 무모함과 광적인 열정을 통렬히 비판하였다.[73]

도슨은 루소가 볼테르나 디드로와 달리 민주주의라는 새로운 종교의 창시자이자 선지자였다고까지 평가하였다.[74] 그의 평가와 상관없이 루소의 이 종교는 분명 영국으로 확산되기에 이르렀다.[75] 도슨은 영국에서의 그

---

72) Dawson, *Gods of Revolution*, pp.14-15.
73) Dawson, *Gods of Revolution*, p.36.
74) 같은 책, p.35. 도슨은 자신의 또 다른 저서에서 루소를 혁명적이자 반동적인 인물이라고 묘사하기도 했다. *Progress*, p.193.

영향에 대해 워즈워드(William Wordsworth, 1770-1850)의 말을 인용하였다.[76]

> 당시의 유럽은 짜릿한 기쁨의 상태였고, 프랑스는 절정의 번영을 누리고 있었다. 그래서 인간의 본성은 다시금 꿈틀거리는 것 같았다.

도슨의 입장에서 볼 때 프랑스혁명은 반기독교 신앙을 철저히 옹호하는 정점에 해당되는 운동이었다. 게다가 19세기는 지성적으로 보아 독창적인 세기는 더욱 아니었다. 당시의 수많은 사상과 이념들은 기껏해야 루소가 이룩해 놓은 학설들의 결과물에 불과하였다. 이러한 것들은 진보라고 불리는 새로운 신앙에 두 손 모아 의존하였던 것이다. 예를 들어, 유물론자나 관념론자의 이론들, 자유시장이나 집단소유의 권리, 과학이나 인간 정신의 진보를 고취하는 것 등 이 모든 사상들도 루소의 이론을 기반으로 하였던 것이다. 따라서 루소의 사상을 따르지 않은 것들은 없어 보였다.[77]

그러나 도슨은 당시 이와 같은 분위기의 압도에도 불구하고 프랑스혁명이라고 하는 이 새로운 종교가 완전히 승리했다고 보지는 않았다. 그는 이 종교가 이제 막 태어난 것에 불과하다고 지적하였다. 그는 프랑스혁명이 아직까지도 대가로서 지불해야 할 커다란 전투가 남아 있다는 것이었다. 그는 혁명 이후의 유럽을 다음과 같이 기술하였다. "유럽사회는 두 진영으로 나뉘었다. 한 쪽이 진보적인 혁명원리의 추종자들이라면, 다른 한 쪽은 가톨릭과 보수적 전통의 추종자들이다." 종교적인 전통주의를 표방하는 세력들이 아직까지 완전히 패배하지는 않았다. 로마 가톨릭의 반응과 메테르니히(Prince Metternich, 1773-1859), 루이 18세(Louis ⅩⅧ), 샤

---

75) 특히, 북미의 발전은 두드러졌다. 미국의 정치는 기본적으로 뉴잉글랜드에서 직송되었으며, 루소의 가르침은 대서양을 건너 그 영향력이 입증되었다. 18세기 말 유럽을 가로지른 이 불길은 대단하였다. Dawson, *Gods of Revolution*, p.51.
76) Dawson, *Progress*, p.195.
77) Dawson, *Gods of Revolution*, p.36.

토브리앙(François René de Chateaubriand, 1768-1848), 그리고 코르테스(Donoso Cortes)의 정치가 완전히 실패로 끝난 것은 아니었다. 도슨은 매스트르(Maistre)의 희망이 기독교의 완전한 회복이었다고 간주하였다.[78] 그러나 결국 그의 희망에 찬 결의에도 불구하고 자유주의가 승리를 거두게 된 것이다.

(3) 19세기 자유주의

이제 프랑스혁명이라고 하는 종교는 가톨릭을 그 적으로 맞이하게 되었다. 도슨은 기독교세계의 신앙이 역사적으로 너무나 깊이 뿌리박혀 있어서 얄팍한 추상적인 개념만으로는 이것이 대체될 수 없다고 설명하였다. 그래서 보수주의자들인 영국의 버크(Burke), 프랑스의 매스트르(Maistre)와 샤토브리앙(Chateaubriand) 같은 사상가들이 사회를 구할 수 있는 능력은 기독교이며, 그들이 이 종교에 관심을 보이는 것은 당연한 것이라는 것이다.[79] 도슨은 독일의 슐레겔(Friedrich Schlegel)을 언급하기도 했다. 그러나 그에게 있어서 가장 위대한 영웅은 낭만주의 운동의 대표주자라 할 수 있는 매스트르였다.

도슨은 프랑스혁명에 대한 자신의 이해의 많은 부분이 그에게 영향을 받았다고 인정하였다.[80] 그는 매스트르가 혁명의 종교적인 특성을 강력히 주장하였다고 설명하였다. 그의 다음과 같은 기술을 주목해 볼 필요가 있다. "우리가 목도하는 것은 종교적인 혁명이다. 보이는 것은 거대하지만 남아있는 것은 부속물에 불과하다."[81] 계속하여 도슨은 매스트르의 전기문에서 다음과 같이 요약하였다.

---

78) Dawson, *Progress*, p.209.
79) Dawson, *Gods of Revolution*, p.158.
80) Dawson, "Religion in the Age of Revolution: Joseph de Maistre and the Counter-Revolution", *The Tablet*(September 5, 1936), p.301.
81) 같은 책, p.301.

　　매스트르는 히브리 선지자의 정신을 숨겨왔다. 사실 그를 둘러싸고 있는 문제들은 근본적으로 성경에 나오는 욥(Job)과 예레미야(Jeremiah)가 직면한 상황과 동일하였다. 역사 안에서 신의 모호한 목적과 칭의, 그리고 고난과 악의 문제가 바로 그런 것들이었다. 계몽주의 사상가들은 인생의 단면에서만 살고 있다. 그들은 신비주의 사상을 거부하였으며 비합리적이고 모호한 것들을 무시하거나 제거하고자 최선의 노력을 다하였다. 한편 매스트르는 그와는 반대로 인성의 어두운 면에 집중하였으며 세상의 고통과 악의 문제를 해결하고자 하였다.

　　매스트르는 역사 안에서 고통문제에 집중하였지만 결코 비관주의자는 아니었다. 도슨에 따르면 그는 상당히 현실주의자였다. 기독교는 매스트르에게 다음과 같은 믿음의 해독제를 선사해 주었다. 그것은 사회가 최대다수의 최대행복에 의해서 결정되는 다수의 개인들로 구성되어 있다는 것이었다. 매스트르와 도슨에게 있어서 사회는 살아서 움직이는 활기 넘치는 시내였다. 그 수면이 부분적으로는 이성의 빛으로 빛나지만 그 이성의 빛은 지하에서 솟아나 미지의 바다로 흘러가는 것이었다.[82]

　　도슨과 매스트르는 또한 섭리에 대해서도 강한 신뢰를 보였다. 그들은 역사의 밑에는 신의 능력이 여실히 존재하며, 이 신의 능력은 새롭게 발상하는 여러 사건들의 의미들을 인간의 입장에서는 도저히 이해하기가 불가능하지만 부여하였다는 것이다.[83] 특히 매스트르는 프랑스혁명이 종교적인 부흥을 꾀하고자 표출된 淨化이었기를 희망하였다. 도슨 또한 자신의 저서가 희망에 찬 것이었다고 술회하기도 했다.[84] 그는 매스트르보다는 섭리에 대해서 그리 많은 설명을 부여하지는 않았지만 그럼에도 그는 인간 정신의 종교적인 측면을 꾸준히 부각시키고자 노력하였다. 그는 한 걸음 더 나아가 문화회복의 시작을 종교에서 찾고자 시도하였다.[85]

---

82) 같은 논문, p.30_
83) 같은 논문, p.302.
84) Dawson, *Judgment of the Nations*, p.219.

그렇다면 자유주의는 적대자들의 패배를 어떻게 처리하였으며, 그에 따라 대처방안을 내놓을 수 있었는가? 도슨은 자유주의의가 19세기에 승리할 수 있었던 이유를 다음의 몇 가지로 요약하였다. 우선 18세기의 회의주의가 기독교의 외형적인 형식과 초자연적인 도그마를 넓힐 수 있도록 일조하였다는 점이 그것이다. 그리하여 기독교의 실제적인 가르침과 그 사회적인 의미들이 채택되기에 이르렀다. 게다가 19세기의 세속운동들은 과거 중세의 도덕성을 훨씬 더 철저하게 차용하였던 것이다. 더구나 기독교의 도덕관에 배타적이던 운동들도 결국에도 기독교의 종말론을 그 모델로서 초석으로 세워졌다. 다시 말해, 그들은 현실에서 구원을 제시하기도 하였다. 무엇보다 세속적 이상주의라고 알려진 자유주의 운동의 위대성을 나타내고자 구원에 대한 약속을 제시하였던 것이다.86)

그러나 19세기에 자유주의가 승리함으로써 그 여파로 형성된 민족주의, 제국주의, 그리고 사회주의가 태동한 데에는 또 다른 이유가 있었던 것으로 보인다. 이들 운동들은 무엇보다 과학주의를 철저히 숭배하였던 것이다. 도슨은 자신의 생애에 걸쳐 과학은 종교에 버금가기는 하지만, 종교적인 이슈들에 대해서는 언급해서는 안 된다고 주장하였다. 과학은 19세기에 역사적인 환경들을 통해서 기독교를 세속의 이데올로기로 대체하고자 하는 자들에게 이용되기에 이르렀던 것이다. 도슨의 다음과 같은 설명이 이를 그대로 반영하고 있다.

대체로 교회는 보수주의자의 편에 있는 것이 자연스런 현상이었다. 왜냐하면 구질서는 공적으로 기독교적인 것인 반면, 새로운 시대의 혁명적인 변화들은 도덕적, 사회적 질서의 근간들을 전복시키고, 무질서와 붕괴상태를 연출

---

85) 같은 책.

86) James Hitchcock, "The Secularization of the West", In *What is Secular Humanism*(Ann Arbor, Michigan: Servant Books, 1982), http://catholiceducation.org/articles/history/world/wh0038.html, 2005-01-31.

하는 것 같았기 때문이었다. 다른 한편으로 과학자들과 기술자들은 대체로 자유 이데올로기를 지지하는 경향이 있었다. 왜냐하면 그들은 구질서의 기득권 세력들과 근대문명의 진토에 방해가 되는 정치적, 종교적인 권위자들에게 적대의식이 있었기 때문이다.[87]

따라서 당시의 과학은 어떤 측면에서는 기독교의 적으로 인식되기도 하였으며 기독교인들의 주장을 약화시키는 반면 자유주의의 주장을 떠받쳐주는 역할을 하였다. 바전(Jacques Barzun)의 말은 이를 더욱 구체화 한 것으로 보인다. "과학과 종교 사이의 전쟁은 두 철학과 두 신앙 사이의 전쟁으로 비춰진다."[88]

도슨은 세속화의 진행과 19세기 자유주의가 그 적대자들로부터 승리를 거두게 된 가장 중요한 이유는 국가 주도의 보통교육 때문이라고 지적하였다.[89] 사람들이 자녀의 교육을 위해 국가에 의탁하였을 때 세속적인 세계관의 확산이 시작되었다는 것이 그것이다. 과거에는 정치적 상황이 어떠했든지 간에 교회가 교육을 담당하고 있었다. 그리고 교회는 사회의 복리와 종교적인 가르침으로 당시의 사회를 통제하는 역할도 수행하였다. 19세기부터 유럽의 국가들이 교회가 담당하던 이러한 다양한 역할들을 떠맡게 되었던 것이다.

도슨은 자신의 저서 『서구 교육의 위기(*The Crisis of Western Education*)』에서 보통교육에 대해 다음과 같이 언급하였다.

보통교육은 문화의 모든 분야를 망라하고 간호학교에서 대학에 이르기까지 모든 형태의 교육제도를 수용하고 있다. 따라서 그 같은 교육에 대한 통제

---

87) Dawson, *The Gods of Revolution*(New York: New York University Press, 1972), p.158.

88) Jacques Barzun, *Marx, Wagner: Critique of a Heritage*(Chicago: University of Chicago Press, 1981), p.37.

89) 다음 장에 논의하겠지만, 도슨은 대학의 개혁에도 관심을 가졌으며, 교육의 진정한 위험은 바로 보통교육이라고 지적하였던 것이다.

능력과 영향력을 발휘할 수 있는 거대조직이 창출되어야 한다.[90]

즉, 사람들이 과거 교회에서 설교를 경청했던 것을 이제는 새로운 예배의 장소로서 학교에서 모든 사람이 교육을 받게 되었다는 것이다.

> 보통교육을 위한 근대운동은 불가피하게 교회의 경쟁자가 되거나 대안이 되는 추세이다. 이 또한 보편적인 제도이며, 직접적으로 인간의 정신과 인격 형성에 중요한 역할을 한다. 사실 일반교육의 진보는 근대문화의 세속화와 일치되었다.[91]

도슨은 자신의 또 다른 논문에서 이와 동일한 입장을 이미 개진했었다. 이를테면 계몽주의와 프랑스 혁명, 그리고 자유주의 등으로 19세기 유럽이 세속화가 진행되었을 때, 중세의 교회가 담당했던 교육을 국가가 대신하였다는 것이다. 그리고 그는 보편교육의 의미와 기능도 근대문화의 세속화에 부합하여 진전되었다고 설명하였다.[92]

이제 교회는 계몽주의 교육철학에 근거한 교육을 새롭게 시작하게 되었다. 도슨은 이 교육의 내용을 다음과 같이 기술하였다.

> 계몽주의 철학은 프랑스혁명의 교육철학과 대륙의 자유주의에 영감을 불어 넣어 주었다. 이 계몽주의 사상이 끼친 영향력으로 인해서 교회와 종교의 영향력은 대중들의 상태를 후퇴시키는 결과를 낳았다. 결과적으로 보통교육을 위한 운동은 불가피하게 정신을 부정하는 반성직주의이자, 계몽주의의 십자군이었다. 1870년대 초 영국의 챔벌린(Joseph Chamberlain)은 영국, 유

---

90) Dawson, "Education and the State", *The Commonweal*, vol.65 (January 25, 1957), pp.423.
91) Dawson, *The Crisis of Western Education*(New York: Sheed & Ward, 1961), p.102.
92) Dawson, "Education and the State", *The Commonweal*, vol.65 (January 25, 1957), pp.423-424.

럽, 그리고 미국 자유당의 목표가 바로 성직자들의 수중에서 젊은이들을 빼내오는 것이라고 주장하였다.[93]

물론 19세기에 국가가 주도하는 교육이 영국이나 미국 전역에서 모두 이루어진 것은 아니었다. 그리고 교회와 국가의 협력이 전적으로 동등하게 이루어진 것은 더군다나 아니었다. 세속의 교육은 모든 이를 대상으로 하는 것이 의무적이었지만, 종교교육은 부분적이고도 자발적이었다. 도슨의 말대로 때로는 불가피하게 세속교육을 선호하기도 하여 교육문제에 있어서 교회가 불이익을 당하는 경우가 종종 있기도 하였다.[94]

도슨의 견해는 자유주의가 승리했다는 내용보다는 그것의 형식에 문제가 있어 보인다. 그의 논지에 나타난 문제점들을 정리해 보면 다음과 같이 일별할 수 있다. 첫째의 문제점은 민주주의, 자유 이데올로기, 전통 등 그가 정의를 내린 용어들이 의미상 각기 비슷한 듯 하면서도 활용된 개념의 부정확성을 들 수 있겠다. 도슨의 사상이 시간이 지날수록 발전되었다는 것은 고무적이다. 그리하여 그의 사상적 지식과 내용도 더욱 참신해지고 깊어졌다는 것은 부인할 수 없는 사실이기도 하다. 그리고 그러한 면을 보이는 것은 일견 당연하기까지 하다. 그러나 가장 중요시 되고 주목해야 할 점은 도슨이 서로 다른 국가들에서 다양하게 표방된 자유주의를 오로지 한 가지 의미로만 단순하게 표현한 것이다. 그리하여 그가 용어를 충분히 활용하지 못했다는 결론에 도달하게 된다. 그는 기독교 전통 중에서 때때로 자유주의 전통으로서 좋은 면만을 부각시켜 기술하기도 하였다. 또 다른 때는 자유주의와 자유 이데올로기를 한껏 부정적인 용어로 사용하기도 하였다. 그는 한 때 자유주의를 거짓 종교라고 비판하였고, 다른 때에서는 그것을 정치적인 신조로 기술하기도 하였다. 그는 후대의 저작에서 19세기 자유주의의 목표를 다음과 같이 정의하였다.

---

93) Dawson, *The Crisis of Western Education*, pp.102-103.
94) 같은 책, p.103.

자유주의는 부르주아지의 전형적인 신조였다. 경제적인 면에서 자유로운 시장 활동을 함으로써 모든 규제를 제거하고 새로운 사업을 통해 이득을 얻고자 하는 자들, 입헌정부, 개인의 자유, 봉건적 전통의 철폐, 특권계급, 그리고 모든 권력형태를 옹호하는 정치개혁가들은 인텔리겐치아의 신조였으며, 이들은 민족주의, 사상의 자유, 그리고 출판의 자유의 투사들이었다.[95]

도슨의 위와 같은 정의는 자유주의에 대한 그의 적대적인 태도를 제대로 설명하고 있지 못하다. 그가 설명하는 자유주의는 경제적인 측면에서 볼 때 오히려 옹호하는 입장을 보이고 있다. 그는 과연 개인의 자유와 민족주의는 모두 악하다고 믿었을까? 아니면 독재 권력에 저항하는 것이야말로 반기독교적이라고 보았을까? 도슨이 자유주의에 대해 부정적으로 평가하는 이유는 다름 아닌 달성하고자 하는 정치적인 목표의 차이 때문으로 보인다. 그래서 그는 자유주의의 기저를 이루고 있는 사회철학이 본질적으로 반기독교적이라는 면을 중요시 하였던 것이다.

그리고 고려해야 할 또 다른 점은 도슨이 자유주의를 사회적인 신조로 평가한 것은 인생의 말년에 이르러서였다는 점이다. 자유주의의 근원과 전파에는 분명한 역사적인 운동과 더불어 확고부동한 사회철학이 부합되어 있는 것이 사실이다.[96] 그리고 사회철학은 바로 계몽주의를 기초로 하고 있었던 것 또한 분명하다.

사회철학은 자유와 개인주의의 철학으로서 18세기 철학적 전통이 발전한 결과였고, 낭만주의 정신으로 수정되고 재해석되었다. 그러나 정치운동으로서 그것은 본질적으로 19세기에 속하여 신성동맹에 대한 민족운동과 저항을 대표했으며 부르봉왕조를 회복시켰다.[97]

---

95) Dawson, *Gods of Revolution*, p.159.
96) 같은 책, p.160.
97) Dawson, 같은 책, p.162.

계몽주의가 지성운동으로 확산되면서 단일한 운동으로 통합되었듯이 계몽주의에서 발원된 자유주의 또한 단일한 운동이었음이 판명되었다. 그러나 도슨은 계몽주의가 시간이 흐르면서 영국과 프랑스에서는 서로가 다른 이념으로 표방됨으로써 각기 서로 다른 방향으로 발전되었다는 점을 인정하였다. 그리고 이들은 여전히 지역적인 변화과정을 무수하게 거쳤음에도 불구하고 동일한 철학적인 뿌리를 공유하고 있었다는 점만은 분명하다. 따라서 그는 비록 발전상에 있어서 약간의 방향의 차이가 있다고 해서 그것의 공통된 원칙과 이념을 토대로 한 자유주의 전통의 특성이나 존재가 완전히 부인되어서는 곤란하다고 논평하였던 것이다.[98] 이를테면 영국의 급진주의자들은 이전 시대의 프랑스 계몽주의 철학자들의 후계자이면서도 계승자들이고, 대륙의 자유주의자들은 영국의 자유주의 경제학자들의 사상적 영향을 깊이 받았던 것이다. 따라서 19세기 초 영국과 프랑스의 자유주의가 서로 비슷하게 닮은 점들을 보이는 것은 당연하다고 볼 수 있다.

도슨은 이러한 점에 대해서 자신의 논지를 더욱 분명히 하였다. 왜냐하면 그는 19세기 초의 자유주의가 헌법에 근거하고 있었기 때문에 자유주의의 실질적인 유대는 왕권을 반대하는 것이 아니라 가톨릭교회에 증오감을 표현하였다는 것이다. 따라서 프랑스와 영국의 자유주의는 반성직주의적인 색채를 띠는 것은 당연한 것이었고 이는 또한 스페인의 반가톨릭 정신과도 같은 맥락이었다.[99]

따라서 도슨이 자유주의의 진정한 적은 프로테스탄트가 아니라 가톨릭이었다고 주장한 점을 이해하는 일은 그의 논의를 접근해 나가는 데 있어서 매우 중요한 기틀이 된다. 다음과 같은 예가 그에 해당된다. 다시 말해, 그가 1940년대에 성령의 검(the Sword of the Spirit)운동을 통해서 이를 에큐메니컬 운동으로 확장시켜 전개해 갈 때, 당시의 주교들은 반대를 하였으

---

98) Dawson, 같은 책.
99) Elie Halevy, *A History of the English People in the Nineteenth Century*, p.478.

며, 종교통합에 있어서도 미온적인 태도를 보였던 것이다. 왜냐하면 이러한 종교운동들 또한 반성직주의를 표방한 것으로 비춰졌었기 때문이었다.[100]

도슨이 주장하는 논지는 프로테스탄트의 종교적인 형식들이 자유화의 물결에 저항할 수 있는 구체적인 대안과 능력이 없을 뿐더러, 궁극적으로도 그것은 곧바로 흐름에 저항도 하지 못하고 세속화 되어 버렸다는 것이다. 그는 이 형식들이 정통 교리의 외양을 겨우 유지하였지만, 오히려 자유주의와 타협한 것에 불과하였다고 지적하였다. 결국 프로테스탄트의 이러한 형식들을 기반으로 자유주의가 발전하였고, 나아가 성장하게 되었던 것이었다.[101] 따라서 도슨이 가톨릭 종교로 전향한 것은 프로테스탄트가 세속화 되었다는 분명한 개인적 확신 때문으로 보인다.[102] 그는 자신이 전향한 이유에 대해서 뉴만과도 동일한 측면이 있다고 양해를 구하였다. 그는 1933년 옥스퍼드 운동(the Oxford Movement)을 연구하면서 19세기 프로테스탄티즘을 관찰하게 되었던 것이다.

19세기 이전에 있어왔던 종교적인 이슈는 기독교가 그 영적인 정체성을 유지할 것인가 아니면, 근대세계의 세속화된 문화에 흡수되어 시대의 흐름에 따라 변형될 것인가에 관한 것이었다. 가톨릭 유럽에서 이 문제는 교회와 조직화된 반성직주의 세력들과의 투쟁형태를 띠는 것이었다. 반면에 유럽에서 프로테스탄트의 투쟁은 내적인 것이었고 종교적인 가르침과 개인적인 믿음에 심오한 영향을 끼치는 것이었다. 프로테스탄티즘에는 늘 反信仰的인 성향이 있었다. 이러한 점은 18세기에 분명히 나타나고 있는 현상이기도 하였다. 그러나 프로테스탄티즘은 이러한 경향에 저항하였고, 19세기 새로운 성서비평의 발전과 더불어 기독교 계시의 객관적이고 無誤謬의 특성이 점점 사라지자 프로테스탄트 기독교는 완전한 脫信仰으로 나아갔다.[103]

---

100) Gustave Weigel, "Ecumenism and the Catholic", *Thought*, vol.20 (1955), p.7.
101) Dawson, *Gods of Revolution*, p.159.
102) Dawson, "Why I am a Catholic", *The Catholic Times*(London, May 21, 1926), 참조.

도슨이 자유주의에 대해서 인식한 내용들은 뉴만의 자유주의와 같은 것으로 보인다. 다시 말해, 그는 뉴만과 마찬가지로 자유주의의 정치적인 목표와 수사가 무엇이었든지 간에 본질적으로는 기독교를 파괴시키고자 계획된 하나의 신조라고 굳게 믿었다. 그래서 자유주의가 반성직주의적인 특성을 띠고 있든, 아니면 프로테스탄티즘을 도와주었든, 혹은 경제적인 측면에서는 사회주의적인 면이 있든 혹은 자유시장의 지지자였든지 간에 이러한 것들은 그에게 있어서 전혀 문제가 되지 않았다. 도슨의 입장에서 자유주의는 분명 새로운 종교였으며, 지상에서 천국을 건설함으로써 인간이 초월적인 존재로부터 벗어나고자 하는 시도인 것으로 판명되었다. 자유주의는 또한 사회의 진보적인 발전을 추구하도록 함으로써 기독교의 계시의 내용을 점차 거부하도록 이끌기도 하였다. 그는 바로 자유주의의 이러한 면들에 대해 반기를 들었던 것이다. 이미 오래전 이야기이지만, 도슨을 연구한 일부 학자들 가운데 화이트(Hayden V. White)는 계몽주의의 계승자로서 이러한 점을 인식하였다. 1958년에 화이트는 자신의 논문에서 도슨의 생애와 저작을 평가하면서 다음과 같이 비판하였다.

중세보다도 근대에 더 심각한 불안이 있을 수도 있다는 점이 논의되어야 할 것 같다. 왜냐하면, 인간은 직면한 문제에(문화뿐 아니라 종교에도) 대한 어떠한 해결책도 영원한 답이 될 수 없다는 것을 자각하게 되었기 때문이다. 근대인은 성직자의 도움으로 신과 접촉하여 문제 해결에 도움을 받기보다는 자신의 행위에 대한 책임을 져야 한다. 만일 초기의 사회가 근대의 우리들보다 더 잘 적응하거나 조화를 이룬다면, 이는 국가와 교회가 개인에게 책임을 돌리지 않고 공동으로 대처하였기 때문이다. 근대 과학은 낡은 강제적 수단들을 부숴주었다. 그리고 인간이 하는 모든 것들에 대해 책임을 지도록 하였다. 이는 참으로 부담스러운 선물이지만 분명 가치가 있는 것이다. 마음의 평화를 유지하려고 그 선물을 거절하는 것은 모욕스러운 일이다. 종교는 과학,

---

103) Dawson, *The Spirit of the Oxford Movement*(London: Sheed & Ward, 1933), p.133.

철학, 그리고 역사와 같이 진리를 제시해 준다. 물론 이 진리는 수정가능성을 인정한다. 이것을 행하고 나서는 더 이상의 진정제는 필요 없을 것이다.[104]

근대성의 종말은 기독교에서 말하는 종교사상을 거부하고 기독교적 전통을 멸시하였기 때문에 나타난 것이기도 하였다. 도슨은 1933년에 출간된 자신의 저서를 통해서 다음과 같이 설명하였다. "근대성의 본질은 역사적인 비평에서 발견되는 것이 아니라 종교의 반도그마적인 원리에서 발견되는 것이다." 다시 말해서 그는 정치적, 경제적인 자유주의를 부르짖은 것이 아니라 뉴만이 종교적인 자유주의를 설명한 것과 동일한 견해를 표명하고 있는 것이었다.[105]

(4) 전체주의

1939년 도슨은 자신의 저서에 다음과 같이 기록하였다.

우리는 영적인 공동체의식이 약하지만 서구문화의 물질적인 번영과 조직은 절정을 이루는 시대에 살고 있는 자녀들이다. 문화의 세속화가 지속됨으로써 인간의 관심은 종교에서 실제적인 일들로 옮겨졌다. 19세에 태동한 자유주의, 관념론 그리고 실증주의에 이르기까지 새로운 운동과 사상은 인간의 정신을 만족시켜주지 못했고, 의심과 환멸로 종말을 고했다. 인간이 정신적인 공동체를 믿는다면 이는 역사적인 교회가 아니라 보편적인 이상의 공동체였다. 그리고 이러한 이상조차도 계몽주의와 19세기 초에 권능을 가졌던 믿음과 소망에 더 이상 영감을 부여하지 않는다.[106]

---

104) Hayden V. White, "Religion, Culture and Western Civilization in Christopher Dawson's Idea of History", *English Miscellany*, vol.9(Rome, 1958), pp.286-287.
105) Dawson, *The Spirit of the Oxford Movement*(London: Sheed &Ward, 1933), p.136.
106) Dawson, *Beyond Politics*(New York: Sheed & Ward, 1934), pp.62-63.

그러므로 1930년대 서구의 위기는 세속문화의 위기였으며, 인간의 종교적인 필요를 대신해서 처워주고자 하는 자유주의의 실패이기도 하였다. 그리하여 그 결과인간은 영적인 진공상태(spiritual vacuum)에 이른 것이다. 그렇다면 이 진공상태를 대신할 수 있는 것은 무엇인가?

우리 문명은 인간이 가지고 있는 절실한 필요들을 만족시켜 주고자 하였으나 결국 실패하였으며, 오히려 영적인 진공상태를 낳았다. 그 상태는 근대문명의 기계적인 질서와 과학적인 지성 이면에 놓여 있는 어두움과 혼란을 표면화시키기에 이르렀다. 새로운 질서, 산적해 있는 사회문제의 완전한 해결 등과 같은 것들은 근본적으로 종교적인 필요가 충족되지 않았기 때문에 나타나는 증상이다.[107]

그런 측면에서 근대 전체주의 정치 이데올로기의 능력 역시 개인의 종교적인 필요를 충족시키기 위한 요구에서 유래하였다고 보는 것이 정당하다. 전체주의는 바로 자유주의가 실패한 곳에서 그리고 보이지 않게 역사의 무대위로 서서히 행보하고 있었던 것이다. 도슨은 전체주의가 19세기 부르주아 사회의 물질주의에 반대하려는 정신적인 필요성의 표출이라고 기술하였다. 전체주의는 사회가 종교적 기반을 상실함으로써 이에 대한 대안으로 찾아내게 된 또 다른 하나의 새로운 정신적인 공동체가 되었던 것이다. 그리고 그것은 자유주의를 표방하는 중심 국가의 공리주의적 개인주의를 대신하고자 하는 시도의 결과로 등장하게 되었다.[108] 도슨은 19세기와 20세기의 혁명운동들의 뒤쪽에서 보이지 않게 작용하는 힘을 보았다. 그는 당시의 혁명운동을 인간이 정신적인 만족을 누리고, 참된 공동체를 갈구하는 노력의 일환으로 파악하였다.[109]

---

107) Dawson, *Judgment*, pp.132-133.
108) Dawson, *Religion and the Modern State*, p.44.
109) Dawson, "Spiritual Foundation of Order", *The Catholic Mind*, vol.39
   vol.921(May 8, 1941), p.17.

그렇다면 도대체 자유주의에 어떤 일이 생겨난 것일까? 한 마디로 말해 사람들은 자유주의에 대한 신앙을 잃어버렸다. 왜 그러한 일들이 발생하게 되었을까? 그것은 도슨이 설명한 대로 물질적, 도덕적 진보에 대한 신뢰가 상실되었기 때문이다. 이제 물질주의는 더 이상 인간에게 안락한 삶을 가져다 줄 수 있는 대안이 되지 못하였다. 사람들이 창조신학의 교리를 포기하게 됨으로써 영원한 우주적 과정 가운데 인간이 홀로 남게 되었는데, 이 또한 궁극적이거나 절대적인 진보를 보장해 주는 것이 아니었던 것이다.110)

자유주의가 실패하게 되고 전체주의가 등장했다고 도슨이 주장하는 또 다른 이유는 당시의 정치적인 상황을 고려해 볼 때 더욱 분명하다. 특히, 1930년대는 그것이 너무나 확실하게 나타났다. 왜냐하면 당시 자유주의는 평화롭고 균형 잡힌 사회가 되리라는 약속을 지키지 못했기 때문이다. 1914년의 전쟁 이후에 잠시 동안 자유 민주주의가 승리하는 것처럼 보였으나, 그것은 기껏해야 수사적인 승리에 불과하였다. 그 이후 전체주의 운동이 진행되는 동안 자유주의는 더 이상 저항할 힘이 없었던 것이다. 아울러 응용과학과 새로운 경제 기술의 진보로 거대한 세력이 형성되었을 때, 그는 자유주의가 이를 통제할 충분한 능력이 없다고 평가하였다.111)

자유주의는 새롭게 부상하고 있는 세력들을 억제하려고 노력하였으나 실패하였고, 그 결과로 전쟁이 일어났다. 과학은 인간에게 자유주의와 민주주의가 통제할 수 없는 능력을 부여하였는데 그것이 바로 전체주의라는 것이다. 도슨은 이 전체주의 역시 근대문화의 세속화의 현상 가운데 하나로 보았으며, 이 전체주의로 말미암아 동유럽과 중국의 공산주의가 파생된 것으로 파악하였던 것이다.

지금까지 도슨이 파악하고 있는 세속화의 역사적인 과정을 살펴보았다. 이를 요약하면 다음과 같다. 세속화 과정은 수세기에 걸쳐 문화적 대변동

---

110) Dawson, *The Modern Dilemma*(London: Sheed & Ward, 1933), pp.70-89 참조.
111) Dawson, *Modern State*, pp.43-44.

과 함께 나타난 것이었다. 이 세속화의 결과로 첫째, 기독교의 통합이 상실되었다. 이 상실은 세속화 자체가 원인이 된 것으로 보이지는 않지만 적어도 지나친 종교적 열정과 대립되는 경쟁적인 교리들의 투쟁으로 진행되었다. 둘째, 기독교인들 자신이 사회적 활동에 관련된 책임들을 포기하였기 때문이었다. 그리하여 기독교적인 생활방식을 개인적인 행위의 영역으로 국한시켜 외부의 세계와 정치계를 그대로 방치해 두었던 결과를 초래하였다. 그리고 세 번째는 두 번째의 결과이기도 한 것으로서 일반 대중들이 외부 사회의 세계는 실제의 객관적인 표준으로 받아들이고, 신앙과 종교에 대해서는 정신세계를 주관하는 비실제적이며 허황된 것으로 간주하게 된 것이다.

Ⅲ. 기독교문화와 교회

1. 기독교문화의 본질과 변화

기독교문화의 회복을 위한 도슨의 교육 프로그램에 대한 검토를 진행하기에 앞서서 그의 연구방법과 목표를 이해하는 것이 우선적으로 필요하다. 그러나 이 일을 수행하기에 앞서서 직면하게 되는 문제는 바로 기독교문화의 개념에 관한 것이다. 왜냐하면 기독교문화가 의미하는 바와 그것의 내용이 워낙 다양하고도 복잡한 성격들을 담고 있을 뿐 아니라 학자들마다 저마다의 무수한 견해들을 쏟아놓고 있기 때문이다. 그래서 이해의 편의를 위해서는 먼저 인접 학문 분야와의 상호 연관을 맺어 접근하는 작업이 필요하다고 본다. 그렇게 함으로써 본 장은 현재의 논의에 대해 목표한 연구 성과들을 구체적으로 이룰 수 있을 것으로 기대된다.

무엇보다 도슨도 기독교문화가 무엇인가 하는 것은 그 범주의 폭이 상당히 넓어 이해하기에 어려움이 있다는 것에 동의하였다. 그래서 그는 그 용어의 의미에 대해서 취사선택을 잘 하지 못하면 전혀 다른 이해의 결과를 가져올 수 있다는 사실을 인정하였다. 그러므로 기독교문화가 무엇이며, 그것이 지니는 의미가 무엇인지 규명하는 작업은 그가 말하는 문화의 개념이 무엇인지 되짚어 보는 일부터 선행되어야 하는 것은 당연하다. 그는 문화에 대한 정의를 단지 인간 개개인의 지성을 계발하는 것으로만 파악하지는 않았다. 왜냐하면 그는 이와 같은 의미에 근거한 문화의 정의는 이미 과거에 보편적으로 받아들여진 개념이었기 때문이라고 생각하였다.112)

따라서 도슨이 규정하고 있는 문화의 정의는 문화인류학자들이 흔히 말하는 사회적인 생활방식을 가리키는 것이었다. 이를테면 인간 사회는 저마다 자신들이 처한 독특한 자연환경과 그에 따른 관습과 법률 등을 조성하면서 발전해 나갔다는 것을 전제한다. 그리하여 그들은 자신들만의 공동체를 형성하였으며, 나아가 그 공동체가 둘러싸고 있는 자연환경과 경제적인 필요들에 구체적으로 적응하는 것, 이것이 바로 도슨이 규정하는 문화이다. 나아가 그는 인간이 문화를 형성하는 데에는 네 가지 요인이 있다고 구체적으로 진술하였다. 그는 첫째가 유전적 요인(인종), 둘째는 지리적 요인(환경), 셋째는 경제적인 요인(기능)이라고 부연설명 하였다. 그리고 마지막 넷째가 심리적 요인(사상)이라는 것이다.113) 특히, 그는 인간이 이러한 네 가지 측면들을 모두 지니고 있었기 때문에 저급한 형태의 삶을 특징짓는 물질 환경에 대해서 맹목적으로 의존하는 데서 벗어날 수 있었다고 평가하였다.114)

그리고 도슨은 인간이 이 네 번째 요인에 해당하는 사상으로 인해서 사회적으로는 전승이 누적되어 한 세대의 업적이 다음의 세대에 전수될 수 있는 기틀을 마련해 주었다고 설명하였다. 그는 또한 이러한 인간의 생활방식이 단순한 전수가 아니라 여러 가지 제도들을 통하여 역사 속에서 구

---

112) Dawson, *The Historic Reality of Christian Culture: A Way to the Renewal of Human Life*(London: Routledge & Kegan Paul Ltd., 1960), p.5.

113) Dawson, *The Age of Gods: A Study in the Origins of Culture in Prehistoric Europe and the Ancient East*(London: John Murray, 1928), p.pp. xⅲ-xⅳ.

114) 같은 책.

현되어 왔으며 그 속에는 여러 가지의 표준과 원리가 내포되어 있다고 평
가하였다. 그리하여 그는 가장 열등한 야만족으로부터 아주 복잡한 문화생
활을 하는 고등한 종족들에게 이르기까지 역사상의 모든 사회가 바로 그러
한 의미의 문화를 지니고 있었다고 주장하였다.115) 그리고 그는 모든 사
회가 여러 가지 요인들로 인해서 급격한 변화를 겪게 되면 그 사회가 지
닌 문화를 완전히 혹은 부분적으로 상실하게 됨으로써, 문화는 어떤 식으
로든 변화를 경험한다는 것 또한 제시하였다.116) 그리하여 모든 문화는
생성, 발전, 변화를 거듭하면서 쇠퇴하기도 하고, 또는 고등한 문화를 창
출하기도 한다는 결론을 내렸다.

사실, 모든 문화는 서로 다른 두 가지 측면을 지니고 있다. 땅속에 뿌리를 내
리고, 잎이 나서 과실을 맺는 나무와 같이 유기적으로 성장하기도 하고, 혹은 수
많은 지류들이 있어서 여기서 흘러 나와 넓어지고, 깊어지는 강줄기와 같은 전통
도 있다. 따라서 우리가 유기적 전체로서 문화를 사회학적으로 연구할 때 그것의
역동적인 통합성과 특징을 강조한다. 그리고 우리가 문화를 전통의 발전으로서
이해하고 이를 역사적으로 연구할 때 종합적이고 축적된 특성을 강조하게 된다.
따라서 역사와 인류학은 서로 뗄 수 없으며, 상보적인 관계를 지닌다.117)

도슨이 주장하는 문화관을 평가해보면 인류생태학적인 면이 상당히 내
포되어 있다는 것을 볼 수 있다.118) 그의 문화관이 인류생태학적인 면을
그대로 내포하고 있는 이유는 당면한 현재의 유럽의 문제에 대한 해결의
기초가 되는 것이기도 하다. 그 시작은 물론 유럽의 형성에 관한 것에서부
터 기초한다고 볼 수 있다. 그는 줄곧 근대의 딜레마를 해결하기 위한 그

---

115) 같은 책, pp. ⅹⅴ-ⅹⅵ; 졸고, "도슨의 문명주기론", 『경희사학』, 23집, p.340
   참조.
116) 같은 논문.
117) Dawson, *The Formation of Christendom*(New York: Sheed & Ward,
   1967), pp.54-55.
118) Mark Dallas Legge, "Ploughing a Lone Furrow", pp.37-38.

의 전략들 가운데, 우선적인 작업이 바로 유럽의 기원과 형성을 다루는 것
이었다. 왜냐하면 그는 유럽이 영토나 정치적인 조직이 아니라 서로가 다
른 사람들로 형성된 사회로 규정하였기 때문에 문화에 대한 정의도 같은
맥락 속에서 이해되는 것이다.

따라서 논의의 전개를 위해서는 다음의 질문이 필요하다고 본다. 이를
테면 그가 설명하고 있는 기독교문화란 도대체 무엇을 의미하는 것일까?
그리고 그 본질은 무엇일까? 이러한 질문에 대한 도슨의 견해를 정리하는
작업을 좀 더 진척해 보도록 하자. 미리 언급하자면 도슨은 기독교문화를
두 가지 서로 다른 의미로 사용하였던 것이 분명하다. 그중 한 가지 의미
는 일종의 도덕적 행위와 동일시되었던 것이다. 그런데 그가 사용하는 첫
번째 의미는 곧 기독교의 전형적 혹은 필수적인 요소로 간주되는 것을 의
미하는 측면이 있기도 하다. 왜냐하면 기독교사회라는 것이 때때로 이타적
이고 평화적인 사회를 의미하는 면이 있기도 하지만, 이와는 정반대로, 비
기독교적인 사회나 그것의 행위형태는 오히려 호전적이고도 탐욕적인 사회
를 의미하기도 하기 때문이다.119) 물론 기독교라는 단어를 이러한 의미로
사용하는 일이 정당한 것인지의 여부는 나중에 반드시 가려내야 하는 일이
겠지만, 그것과 상관없이 그 단어가 지니고 있는 전통적인 의미는 더욱 아
니다. 왜냐하면 만일 기독교가 도덕적인 행위만을 강조하게 될 경우 기독
교와 인도주의가 서로 혼합될 수 있는 오해의 소지가 있기 때문이다. 그리
고 어느 한쪽 측면의 의미만을 강조하거나, 혹은 동일시할 경우 이는 더욱
혼란을 초래할 수도 있는 것이기도 하다.120)

그래서 도슨은 특정한 사회가 기독교 문화권에 속하는가의 여부를 판단
할 때 사용할 수 있는 기준을 다음과 같이 설명하였다. 그는 사회의 생활

---

119) Dawson, "The Outlook for Christian Culture", *Cross Currents*,
　　 vol.5, no.2(Spring 1955),
　　 http: //catholiceducation.org/articles/history/world/wh0082.html.
　　 2005-01-17.
120) 같은 논문.

양식이 어느 정도까지 기독교 신앙에 근거하고 있는가 하는 것이 유일한 기준이라는 것이다. 물론 여기서 어느 정도라고 하는 말의 기본적인 범위도 애매한 부분이 있기는 하다. 그럼에도 그가 말하는 기준은 어느 불특정한 사회가 극히 야만적인 사회라 할지라도, 또한 현대의 인도주의적 의미로 보아서 아주 퇴보적인 사회라 할지라도 그 사회의 구성원들이 기독교 신앙을 가지고 있기만 하다면 그들은 기독교 문화를 가지고 있다고 이해하였다. 다시 말해 그는 신앙을 가지고 있는가의 여부에 따라서 기독교 문화권에 속하였는지 아닌지가 결정된다는 것이다.121)

도슨은 또한 인간생활과 사회생활 속에 들어와서 인간들의 의지와 능력에 비례하여 그들을 변화시킨 동력으로 작용한 기독교의 역사적인 실재를 보아야 한다고 강력이 주장하였다. 그런 측면에서 도슨이 생각하는 기독교 문화의 두 번째 의미는 다음과 같이 설명될 수 있다. 이를테면 기독교문화는 기독교의 역사적인 실재를 통해서 인간의 본성과 그들의 과거의 사회적 전통을 되살림으로써 새로운 정신적(영적) 결실을 맺는 것이라는 점이다.122) 그는 이러한 결실을 맺기 위해서는 반드시 기독교 종교에 의해서만 새로운 삶의 방식으로 승화되어 소기의 목적을 달성해야만 하는 것으로 파악하였다. 그는 또한 이 새로운 삶의 방식이 시간적인 간격을 어느 정도 두고 문화로 구현되어지고 표현되는 것으로도 이해하였다. 그런데 이러한 문화적 업적을 달성한 사람들이 바로 서구 기독교인들이었다는 점이다. 물론 이 서구인들이 한편으로는 기독교문화를 창조해 내기도 하였다. 하지만, 그들은 기독교적인 전승에 충실하지 못함으로써 사회적인 전통과 단절된 채로 문명의 세속화를 가져오게 하는 원인으로 작용하기도 하였다는 것을 도슨은 인정하였다.123)

도슨은 또한 자신의 시대에 사회과학이 물질적인 인간관을 지배하였으

---

121) 같은 논문.
122) 같은 논문.
123) 같은 논문.

며, 이것이 기독교와 조화를 이루지 못했다고 보기도 하였다. 그는 기독교
적인 관점에서 볼 때도 사회과학과 역사는 상당히 다르다는 것이다. 이를
테면, 사회과학은 통계의 학문이지만, 역사는 지나간 과거사건의 연속에
대한 해석의 학문이라는 점에서 엄연한 차이를 보인다는 것이다. 그리고
이들은 서로 중립적일 수도 있으나, 사회과학과 역사학은 서로에 대해서
필요를 채워줄 수 없다는 것은 어쩔 수 없는 일이기도 하다. 그가 사회과
학, 역사, 그리고 인류학의 분야만을 가지고는 기독교문화를 이해하기엔
불충분하다는 것을 지적한 것은 당연해 보인다.

그래서 리즈(Jonathan Reyes)는 도슨의 중요한 테제가 바로 종교가
문화의 기반이 된다는 것이기 때문에 신학은 도슨의 사상연구에 필수적인
기능을 하는 측면 또한 지니고 있다고 주장하였다.124) 그리하여 리즈는
도슨이 가톨릭 신학을 통해서 자신의 연구를 발전시키기 위한 중요한 지침
들을 모색했다고 설명하였다. 물론 도슨은 자신의 연구에 이성을 대신할
신학적인 측면이 항상 필요하다는 점 또한 인정하였다. 왜냐하면 종교가
문화의 기초가 된다는 자신만의 독특한 문제의식과 논지를 지니고 있었기
때문이다. 어쨌든 그의 그러한 논지가 정당한 것이며, 타당성 있고, 설득
력을 지닌 것인지는 향후 지속적인 논의가 필요하다.

> 문화의 역사는 두 가지 서로 다른 과정을 통해 발전하고 있다. 그 과정들
> 은 시간이 흐르면서 자연발생적으로 나타났다. 한편으로는 문화형성과 변화
> 의 과정은 인류학, 역사학, 그리고 연계 학문들의 주제가 될 수도 있다. 다른
> 한편으로는 신의 계시와 은총의 행위가 종교라는 이름으로 지배되는 역사와
> 사회를 창조하였던 것이다.125)

따라서 도슨에게 있어서 신학은 그의 이론을 정립하는 기초가 되었고,

---

124) Jonathan Reyes, "Christopher Dawson and the Renewal of Chri-
stian Culture", p.180.
125) Dawson, *The Formation of Christendom*, p.19.

또한 자신의 연구 성과들을 도출하기 위한 부차적 요소이기도 하였다. 그렇다고 하여 그가 사변적인 학문으로서 신학을 무비판적으로 활용한 것만은 아니었다. 그가 문화의 역사를 연구할 경우 때로는 백과사전적인 지식들을 취급하기도 하였지만, 그렇다고 신학적 체계를 유지한 것은 더욱 아니었다. 그의 연구에 신학이 필수불가결한 요소만은 아니었다.[126]

기독교문화의 형성 과정어 관한 도슨의 연구는 단순히 기독교문화의 모든 산물들을 백과사전적인 지식들로 나열하는 일도 아니었다. 그의 연구는 서구문명에 뿌리를 두고 있는 종교적이고, 신학적인 근원을 파악하는 작업에서부터 시작되었다.[127] 그는 이와 같은 작업을 통해서 역사의 성장이 어떻게 유기적으로 문화적인 열매들로 나타나게 되었는지 천착하게 되었던 것이다. 그의 평생에 걸친 연구는 바로 서구의 역사가 갑작스럽게 분열된 것이 아니라 종교와 문화가 통합된 하나의 역사를 지나서 중세가 어떻게 르네상스와 종교개혁을 거치게 되었고, 그 이후 세속화의 과정 또한 어떠한 방법으로 진행되게 되었으며, 또 이로 말미암아 어떻게 분열되어 갔는지 추적하였던 것이다.[128]

도슨은 이러한 연구를 진행허 나가면서 기독교가 서구 문화사의 주요한 핵심요소로서 여타의 종교들과는 구별되는 역동성을 갖고 있었다는 점을 발견하였다. 그는 먼저 그 같은 점을 밝혀내기 위해서 기독교가 역사적으로 문화에 영향을 끼친 형터를 세 가지로 구분지어 설명하였다. 그는 기독교의 종교적인 특성으로서 내세의 사상을 첫 번째 예로 들었다. 기독교는 신의 도성과 인간의 도성 사이에서 사회의 항구적인 긴장상태를 조성하였다는 것이다. 따라서 역사를 통해 이러한 긴장상태를 해결하고자 하는 노력들이 문화발전의 지속적인 원천이 되었다고 그는 이해하였던 것이다.[129]

---

126) Araceli Duque, "The Vision of Christopher Dawson", *Zenit*, 2003. http://www.geocities.com/dawsonchd/articles/Duque1.htm. 2003-12-09.

127) 같은 논문.

128) Dawson, *The Crisis of Western Education*, p.137 참조.

둘째는 기독교가 서구사람들을 하나로 통합해 주어 유럽을 만들었다는 것이다. 특히 그의 이러한 관찰은 20세기 초에 두드러질 정도로 그 연관성을 드러내고 있었다. 이는 나아가 정치 이데올로기의 여러 요구들로 인해서 유럽의 질서에 새로운 단초를 제공하게 되었던 것으로 보였다. 그리하여 이러한 단초들은 기독교라는 종교를 대신하는 역할을 수행하였다는 것이 그의 논지이다. 마지막 셋째로 도슨은 기독교가 서구의 모든 문화적인 개혁운동들 가운데 언제나 근원적인 특성으로서의 역할을 수행하였다고 평가하였다. 기독교는 구속의 종교로서 사회는 신의 도성의 이미지로 변화되어야 하며, 개혁가들은 전체 역사를 통해서 기독교적인 이상 세계를 추구하며 인도함을 받았다는 것이다. 결국 도슨은 근대세계에서 가톨릭교회가 위의 세 가지 방법들로 문화에 영향을 주었다고 역설하였다.130)

도슨에게 있어서 서구에 대한 역사이해는 본질적으로 아우구스티누스의 두 도성이론의 틀 속에서 형성되었다.131) 그의 역사관은 옥스퍼드대학 2학년에 재학할 당시에 그의 평생친구 왓킨(E. I. Watkin)의 영향을 받은 것과 아울러 아우구스티누스의 저작들을 읽으면서 싹이 텄던 것이다. 도슨은 아우구스티누스의 사상을 다음과 같이 이해하였다. 아우구스티누스의 두 도성 이론에서 교회와 국가는 환원될 수 없을 뿐 아니라 서로 조화될 수 없는 도덕적인 원리의 산물들이라는 것, 그리고 지상의 도성(*civitas terrena*)과 천상의 도성(*Civitate Dei*)으로 구분되는 이 두 도성은

---

129) Dawson, 같은 책, p.138.

130) 도슨이 기독교의 사회학적인 기능을 강조한 것으로 인해서 기독교가 우선적으로 유용하다는 점을 함의하는 것은 아니다. 도슨은 단지 기독교가 이 세 가지 방식들로 성공적인 기능을 하였다고 보고 있는 것이다. 왜냐하면 기독교는 그 종교적인 능력 때문에 단순히 교리적인 부분만을 의미하는 것이 아니라 초자연적인 진리와 신의 권능에 기초한 생활방식이라는 점이다.

131) Dawson, "St. Augustine and the City of God", in Enquiries into Religion and Culture, pp.198-258. 이 글은 원래 Martin D'Arcy, ed., "St. Augustine and His Age", In *A Monument to Saint Augustine*(New York: Dial Press, 1930)에 실렸었다.

사랑의 기초에 따라서 건설되었다는 것이다. 이를테면 두 종류의 사랑이 두 가지 도성을 건설하였다는 것인데, 그중에서 지상의 도성은 자신을 사랑하고 신의 사랑을 경멸하는 것이었고, 천상의 도성은 자신을 경멸하고 신을 사랑하는 것에서 시작되었다는 것이 그러하다.132) 그에게 있어서 두 도성 사이의 이 같은 이원론적인 특성이 개인의 의지가 사랑의 대상에 따라서 구분되는 것으로 이해되었다. 그는 아우구스티누스가 개인의지의 총화인 사회와 도덕을 엄격하게 구분하지는 않았다고 평가하였다. 그는 단지 개인과 사회의 역동적인 요소를 형성하는 것이 인간의 의지이며, 이 의지가 어떠한 목표를 설정하고 또 추구하는지에 따라 인간의 삶의 도덕적인 특성이 결정된다고 보았던 것이다.133)

개인이 신의 은총이라고 하는 매개체로 말미암아 자신의 의지가 변화되어 신을 사랑할 수 있는 것이기 때문에 신의 도성은 궁극적으로 신의 개입에 의존하는 바가 크다는 것은 당연하다. 그렇기 때문에 신의 은총이 없는 가운데 신의 도성을 건설하고자 하는 여러 가지 시도는 실패를 가져올 수밖에 없는 것이었다. 그런 측면에서 도슨은 인간의 선택의 자유와 두 도성 사이의 양립할 수 없는 관계 때문에 역사적인 진보는 서로 다른 결과를 가져왔다는 논지를 전개하였다. 즉, 사람들이 신의 도성이라는 그들이 생각하는 이상향을 선택하게 되면 그들의 문화는 바로 진보하는 것이 되고, 그 반대를 선택하게 되면 그들의 문화는 퇴보한다는 이원론인 것이다.

그렇기 때문에 도슨은 기독교 신앙이 역사적으로 볼 때 문화발전에 긍정적으로 작용한다고 설명하였다. 그의 이 같은 논지에 대한 논란의 여지는 충분히 있을 수 있다. 왜냐하면 아우구스티누스의 견해는 순전히 종교적인 측면에서만 전개되었기 대문에 오늘날의 사람들이 이를 전적으로 수

---

132) Augustine, *City of God* 14: 28. 도슨은 아우구스티누스 역사관의 시작이 표현된 구절이라고 말하였다. *The Judgement of the Nations*(New York: Sheed & Ward, 1941), p.11.
133) Dawson, "St. Augustine and the City of God", p.256.

용하기에는 무리가 따른다. 그리고 도슨 자신 또한 아우구스티누스의 종교적인 영향을 그대로 수용한 면이 있다. 그럼에도 도슨은 아우구스티누스의 기독교적 역사관이 서양 중세의 교회와 사회로 하여금 정치적인 책임감을 일깨워주고 서양문화의 구체적인 근간이 되었다는 점을 각인하여 그에 대한 평가를 긍정적으로 하고 있는 것이다. 아우구스티누스의 두 도성이론은 중세의 교회와 국가의 이원론적인 관계를 유지하는 기틀이 되었다는 것이 바로 그러하다.[134]

도슨은 또한 두 도성의 패러다임에 기초하여 중세사회 안에서의 가톨릭 교회의 역할에 관한 설명도 도출해 내었다. 교회가 신의 도성으로 사람들을 인도하는 역할을 수행하기 때문이었다. 그리고 그 역할은 어디까지나 선교적인 측면으로만 이해를 하여야 했다. 교회는 천상의 도성 형성의 과정에서 새로운 인간성을 창출하는 것이 목표이고 그 역사는 신의 도성을 건설하여 영원성을 완수해 나가는 데 일차적인 목표가 있는 것이었다.[135] 따라서 그는 교회가 인간의 사회를 영원한 도성인 신의 도성과 같도록 변화시키도록 위임받은 조직체인 것으로 평가하였다.[136]

그러나 이 일들은 끝이 보이지 않는 일이기 때문에 교회가 단순히 현재에 주어진 문화발전으로는 만족할 수 없었다. 비록 중세에 국가와 사회가 기독교적인 성향을 띠더라도, 사회가 온전히 기독교적이었던 때는 역사상 없었다. 오히려 기독교는 이 세상에서 제 기능을 하는 누룩 그 이상인 적은 없었다.[137] 그러므로 도슨은 교회가 모든 시대의 정치적, 사회적인 구성체들로부터 그 독립성을 항상 유지해야 한다는 주장을 전개하였다.[138]

---

134) Dawson, "Christian View of History", *Dynamics of World History*, p.272 참조.

135) Dawson, "St. Augustine and the City of God", pp.256-257.

136) 같은 논문, p.253. 신의 도성과 지상의 교회와의 관계에 대한 논의는 지속적으로 있어 왔다. 그것은 신의 도성과 지상의 교회가 동일시되느냐 하는 문제이다. 본 연구에서는 이러한 논의를 하지는 않겠지만, 도슨은 동일시 여기지는 않았다.

137) Dawson, *Religion and the Modern State*(London: Sheed & Ward, 1935), p.146.

나아가 그는 교회가 역사의 비밀의 수호자이자, 국가의 흥망성쇠와 사회체계의 혁명들을 겪으면서 끊김없이 인간을 구원하기 위한 기관으로 나아가야 한다고 설명하였다.[139]

도슨은 로마 가톨릭 신자로서 아우구스티누스의 사상을 그대로 전수받았을 뿐 아니라 신약성서의 기록자 중 한 사람인 성 바울의 영향을 받기도 하였던 것으로 보인다.[140] 그는 바울이 에베소 교인들에게 보낸 편지 내용의 일부분을 언급하면서 자신의 주장을 결론지었다.

그러므로 이제부터 너희가 외인도 아니요 손도 아니요 오직 성도들과 동일한 시민이요 하나님의 권속이라. 너희는 사도들과 선지자들의 터 위에 세우심을 입은 자라 그리스도 예수께서 친히 모퉁이 돌이 되셨느니라. 그의 안에서 건물마다 서로 연결하여 주 안에서 성전이 되어가고 너희도 성령 안에서 하나님의 거하실 처소가 되기 위하여 예수 안에서 함께 지어져 가느니라.[141]

몸은 하나인데 많은 지체가 있고 몸의 지체가 많으나 한 몸임과 같이 그리스도도 그러하니라. 우리가 유대인이나 헬라인이나 종이나 자유자나 다 한 성령으로 세례를 받아 한 몸이 되었고 또 다 한 성령을 마시게 하셨느니라.[142]

2. 역사 속에서 교회의 역할

기독교가 서구 역사에 끼친 역할에 관한 일반적인 연구는 교회에 중요

---

138) Dawson, "The Institutional Forms of Christian Culture", *Religion in Life*, vol.24, no.3(Fall 1955), p.235.

139) Dawson, *The Dynamics of World History*(New York: Sheed & Ward, 1958), p.250.

140) John J. Mulloy, "Christopher Dawson and G. K. Chesterton", *The Chesterton Review*, vol.9, no.3(May 1983), p.89.

141) 『신약성경』, 에베소서 2: 19-22.

142) 『신약성경』, 고린도전서 12: 12-13

한 교훈들을 남겼다. 교회가 당면한 역사적인 문제에 대처해 온 방식들이 어떻게 진행되었는지 알아봄으로써 문화회복을 위한 더욱 구체적인 장점들을 도출해 낼 수 있을 것으로 본다. 특히 교회가 기독교문화의 회복을 위한 두 전략들 가운데 어떤 식으로 대처했는지 접근해 보는 작업은 연구의 성과를 이끌어 내는 데 중요한 기능을 할 것으로 본다. 우선 교회는 역사적으로 당면한 현실에 대해서 긍정적인 면과 부정적인 면, 이 두 가지의 역할들을 수행하였다. 따라서 그 역할들이 어떠했는지 검토해 봄으로써 도슨이 교회에 대한 입장과 아울러 그가 교회에 대해서 실망하고, 종교교육으로 전환할 수밖에 없었는지 이해할 수 있을 것으로 본다.

도슨은 우선 교회가 자신들의 방식과는 전혀 다른 적대적인 문화에 직면할 때마다 그 문화와 결별함으로써 궁극적으로는 그 문화를 변화시켰다고 관찰하였다. 실례로 도슨은 초기의 교회가 로마제국의 이교적인 문명과 직면하였을 때 교회가 문화의 기저를 형성하였던 점에 주목하였다.[143] 초대 기독교인들은 세속의 세계와 급진적인 단절을 해야 했는데, 왜냐하면 이 세속의 세계는 너무나 이교적이어서 단지 기독교인이 된다는 사실 하나만으로도 시민으로서의 혜택과 공적인 활동을 단절해야만 되는 것이었다. 그래서 당시의 기독교인들은 세속세계의 사회생활과 분리된 채로 살았다. 그들은 유대인과 초기 퀘이커 교도들처럼 금욕적이고도 구별되고 제한된 생활을 하였던 것이다. 그렇기 때문에 이 사회적인 이원론은 초기 기독교의 현저한 특징들 중의 하나였다는 것은 일견 당연해 보인다. 그러나 이러한 면이 초기 기독교의 일반적인 특성들 중의 하나에 불과했다는 점을 들고 싶다. 왜냐하면, 초기의 기독교인들이 이 세상과 저 세상, 그리고 현실

---

143) 고등문명들은 적어도 대개는 두 개의 서로 독립된 문화전통들이 혼합함으로써 이루어진 것이며, 그중 하나가 지배적이고 보다 우수하더라도 하위문화를 프롤레타리아로 격하할 정도는 되지 못한다고 토인비(Arnold Toynbee)는 말하였다. 도슨은 이 하위 문화가 문명이나 상위문화를 형성하는 데 중요한 역할을 할 수 있다고 보았다. Dawson, *The Dynamics of World History* (reprinted by Wilmington: ISIBooks, 2002), p.417 참조.

국가와 천국이라는 이중 시민권 개념을 초기에는 제대로 인식하지 못하였기 때문이다.144)

그러한 예로써 사도요한은 세상에 대한 경멸을 성서에 잘 표현해 놓았다.145) 요한은 자연세계 자체를 거부하지는 않았다. 그는 단지 이교적인 로마문화를 철저하게 경멸하였을 뿐이었다. 초기의 기도교인들은 이러한 문화적인 상황 속에서 교회를 족속, 민족, 혹은 나라로 생각하기에 이르렀다. 그들은 세속의 재판관들이 아니라 그들이 속해 있는 기독고 공동체 안에서 영향력 있는 유력한 인사들이 결정한 법적인 계급을 갖는 것을 기대하였다. 도슨에 따르면, 초기 기독교인들은 자신들을 디아스포라(diaspora)로 여겼으며, 그들이 살고 있는 세상의 세속적 문화에 유입되어 적응해서 살 것이 아니었다. 그들은 세상과 일정한 경계선을 긋고, 신이 계시하고 있는 일정한 생활방식을 따라서 살도록 지명되었다는 것이다.146)

특히, 중세 초기에 세상과의 단절은 더욱 가시화 되었다. 교회는 5세기부터 7세기에 이르는 동안 유럽을 강타한 게르만족의 대이동의 영향으로 대중문화와 더욱 철저하게 단절되어 갔다. 그리하여 이 시기에 교회는 사회적, 정치적 질서와 철저할 정도로 연합하지 않았던 것이다. 그런 까닭으로 교회는 혼란과 파괴의 세계 가운데에서 스스로가 고립을 자초하게 되었다. 그러나 이와는 달리 교회의 조직 가운데에 섬처럼 우뚝 솟아 있었던

---

144) Dawson, *Enquiries into Religion and Culture*(New York: Sheed & Ward, 1933), p. 300.

145) 『신약성경』, 요한일서 2 15-17, "이 세상이나 세상에 있는 것들을 사랑치 말라 누구든지 세상을 사랑하면 아버지의 사랑이 그 속에 있지 아니하니 이는 세상에 있는 모든 것이 육신의 정욕과 안목의 정욕과 이생의 자랑이니 다 아버지께로 좇아 온 것 아니요 세상으로 좇아온 것이라. 이 세상도 그 정욕도 지나가되 오직 하나님의 뜻을 행하는 이는 영원히 거하느니라." 도슨도 이와 비슷한 견해를 1930년에 자신의 논문에서 밝혔다. 국가와 세속사회와의 관계에서 기독교인은 외국인이며, 그의 참된 시민권은 신의 왕국에 있다는 아우구스티누스의 견해에 동조하고 있다. Dawson, "St. Augustine and his ages", p.229 참조.

146) Dawson, *Progress and Religion*, p.132.

수도원들은 이 당시의 혼란한 질서와 문명의 중심부에 위치해 있었다.

기독교는 서구문화를 형성시켰을 뿐 아니라 통합시키는 기능을 하였다. 그 가운데 기독교는 수도원을 통해서 문화변화를 주도할 수 있는 강한 동력을 제공함으로써 세상을 개혁하는 역할을 수행하기도 하였다. 도슨은 수도원의 역할을 다음과 같이 설명하였다.

> 문화의 모든 패턴이 지속적으로 계승되고 자유로운 종교운동을 통해서 변혁을 가져올 수 있었던 유일한 지역은 서유럽이었다. 그래서 서구 역사는 모든 세기를 통하여 문화적인 요소가 균형을 이루어 새로운 사상과 제도를 창조함으로써 새로운 종교적 요소가 등장하도록 일조하였다. 그러한 변화를 주도한 곳이 바로 서유럽인 것이다. 그리고 이러한 패턴의 가장 두드러진 예로 거론 한 것이 바로 수도원이념(Monasticism)이었다. 147)

도슨은 바로 이 유럽이 수도원을 통해서 더욱 심오한 문화변화의 운동을 일으키는 것으로 이해하였다. 그는 이 수도원 이념이야말로 암흑기에 해당하는 중세 초기에 기독교의 종교적인 전파능력을 현저하게 발휘할 수 있도록 일조하였다는 점을 부각시켰다. 그리고 나아가서는 세속적인 사회의 지적 운동에 직간접적으로 영향을 주었던 것으로 간주하였다.148) 그 같은 예가 바로 카롤링왕조 때의 풀다(Fulda)와 골(St. Gall)같은 수도원으로서 그것들은 문화와 경제생활의 중심지 역할을 하였다고 도슨은 설명하였다.149)

그러나 도슨은 수도원을 단지 고전교육이나 로마문명의 보존자로서 간주하는 것은 잘못이라고 지적하였다. 그는 수도사들이 로마제국이나 그리스의 아카데미를 창조하고자 하는 어떠한 시도도 하지 않았다는 점을 강조

---

147) Dawson, *Religion and the Rise of Western Culture*(New York: Doubleday and Company, 1958), p.21.
148) 같은 책, p.22.
149) 같은 책. p.21.

하였다.150) 사실 당시 대부분의 수도원들은 자체적으로 베네딕트 규율에 기초하여 종교적인 이상을 학습하고 이를 실제적인 삶에 그대로 실천하는 데 전념하고 있었다. 그렇기 때문에 서구의 역사에 있어서 수도원이 끼친 실질적인 공헌은 첫째로 자율적으로 기독교적인 질서의 원리를 보존하는 일, 둘째는 당시의 전체 교회에 새로운 생명의 씨앗으로 입증됨으로써 이 것이 서구 세계에 그대로 전파도어 나간 것이다.151)

따라서 수도원 공동체는 기독교적인 생활방식을 그대로 보존하였을 뿐 아니라 전파하는 일에 주요하나 역할을 한 것으로 이해하는 것이 유익하 다. 수도원은 이러한 전파를 통해서 세상이 기독교적인 모습을 갖출 수 있 도록 하는 일에 기여하였다. 도슨에 따르면 서구의 역사를 변화시키는 데 성공하였던 세속적인 목표를 지닌 운동들도 초대 교회와 중세 수도사들로 부터 동일한 패턴을 이어받아 세상에 영향을 주었다는 것이다. 그래서 도 슨은 문화회복을 위해서는 기독교적인 생활방식에 의해 살아가고, 이것을 확장시키는 데 헌신된 소수의 공동체 또한 절실히 필요하다고 보았다. 그 는 물론 개인이 문화회복에 중요한 역할을 한다는 점 또한 인식하였다. 그 러나 그 개인이라는 것도 기독교 집단과 공동체 내에서 특정한 지위와 능 력을 지닌 인물이었던 것이다.152) 따라서 도슨은 수도원이 수행하였던 장점 들을 지적하였지만, 그는 또한 이 지역 공동체들의 고전적인 생활방식을 보 존하는 등 근본적인 과업을 완수하는 데 그쳤다는 한계점도 지적하였다.153)

그리고, 이들 공동체들은 세상과의 단절을 스스로 자초한 대신에 초대 교회와 게르만족 이동의 시대에 사도들의 가르침을 전심으로 따를 뿐 아니

---

150) 중세 초에 번성하였던 수도원의 대부분은 베네딕트 규칙을 기반으로 형성되었으 며, 이를 통해서 종교적인 이상을 추구하였던 것이다. Jean LeClerc, *The Love of Learning and the Desire for God: A Study of Monastic Culture*(New York: Fordham, 1982); Eleanor Duckett, *The Gate-way to the Middle Ages*(New York: Macmillan Co., 1965) 참조.

151) Dawson, *Medieval Essays*(New York: Sheed & Ward, 1954) p.64.

152) Reyes, p.190.

153) Dawson, *Progress and Religion*, p.133.

라 그들 스스로 적극적으로 만나 교제하고 음식을 서로 나누는 일 등에 열심을 보였다. 교회의 이러한 생활패턴은 당시의 수도원은 물론 에페수스(Ephesus), 코린토스(Corinthos), 그리고 데살로니카(Thessalonica) 등지와 중세 초기 유럽의 여러 지역으로 퍼져나갔다. 이제 이러한 행동양식은 중세의 몇몇 도시들에 거주하는 기독교인들에게 있어서도 생활의 일부분이 되기에 이르렀다.154) 또한 주교들의 주도하에 그 패턴은 지속적으로 존속되어 후대에 전수되었다. 도슨은 교회가 이러한 혼란한 시기에도 살아남았고, 기독교문화를 지탱할 수 있는 힘이 되었다고 평가하였다. 그러므로 기독교인의 생활양식은 어떠한 환경 속에서도 생존할 수 있는 원동력이 되었으며, 그들의 일상생활을 지속적으로 영유할 수 있는 밑거름이 되었던 것이다.155)

도슨은 기독교 공동체와 그 생활방식을 자세하게 들여다보아야 한다고 강조하였다. 당시에는 중세 초기의 교회와 그 주변의 게르만족들이 기독교로 개종하는 일들이 일어나게 되었다. 이러한 개종 현상들은 기독교인들의 생활양식에 매력이 있었기 때문이었다. 중세 교회의 성공은 의식적으로 기독교의 생활방식을 보존하고자 하는 노력에 의해 결정되었으며, 이것은 또한 현재의 교회가 감당해야 할 당면한 사명이라 할 수 있다. 그러나 도슨은 현재의 교회가 그 사명을 수행할 능력이 부족하다는 부정적인 입장을 취하였다.156) 왜냐하면 교회가 복음전파와 제자양성이라는 본연의 선교적인 사명은 물론 기독교의 생활방식으로서 문화전파에 힘쓰기보다는 시대의 흐름에 따라 세상에 흡수됨으로써 세속화되어가는 현실을 보여주고 있었기 때문이다.

그래서 교회는 그들에게 주어진 원래의 사명을 감당하기 위해 전략들을

---

154) Frank O'Malley, "The Culture of the Church", *Review of Politics*, vol.16(1954), p.135.
155) Dawson, *Enquiries*, p.300.
156) 같은 책, pp.300-301.

수정해 나가는 일은 피할 수 없는 일이었던 것이다. 특히 교회의 선교적인 사명을 수행해 나가는 일에 있어서 중세의 절정기에는 더욱 구체적으로 가시화 되었던 것으로 보인다. 즉 세속의 문화와 철저히 결별하는 모습을 보였던 초기의 기독교시대와 달리 중세의 전성기에는 오히려 교회가 먼저 세속의 문화와 적극적으로 제휴하고자 시도하였던 것이다. 그리하여 교회는 그 같은 노력을 지속함으로써 중세기에는 거의 모든 문화에 역동적인 영향을 주었던 것이다. 관심 있게 블 수 있는 점은 도슨이 기독교적인 문화가 달성될 수 있도록 클뤼니의 휴(Hugh of Cluny), 그레고리 7세(Gregory Ⅶ), 성 안셀름(St. Anselm), 그리고 성 베르나르(St. Bernard)와 같은 이들을 기독교세계의 대중들의 생활에 중추적인 영향을 준 인물들로 평가하였다는 점이다.157) 이들의 역할과 공헌을 통해서 교회는 문화와 친밀한 관계를 유지할 수 있었으며 문화의 형성에 주도적인 기능을 하였던 것이다. 이러한 환경은 확실히 초기 사도요한이 세상에 대해서 가졌던 단절적인 태도와는 전혀 다른 모습이다. 요한이 가졌던 세상에 대한 경멸적인 태도는 이제 와서는 상징적인 의미의 표현만으로 인식되게 되었다. 교회는 더 이상 세상에 대해서 경멸적인 태도를 취하지 않았고 세상을 더욱 기독교적인 모습으로 변화시켜 나가고자 시도하였던 점이 돋보인다.

도슨은 교회의 제휴 전략은 긍정적이고, 성공적이었다고 평가하였다. 그는 중세의 기독교 절정기를 격찬하였으며, 특히, 중세에 행허진 대관식에 후한 점수를 주었다. 그리고 그는 대관식을 기독교적인 이상 사회의 질서가 구현되는 것으로 파악하였다.158) 그리하여 이제 왕은 교회의 봉사자로 간주되었던 것이다. 그는 또한 십자군운동, 중세의 도시, 그리고 중세의 신학과 학문 등도 높이 평가하였다. 왜냐하면, 그에게 있어서 그 시대의 기독교세계는 다방면에 걸친 자유의 시대이자 종교적 헌신이 깊음을 보여

---

157) Dawson, *Historic Reality*, p.54.
158) Dawson, *The Making of Europe: An Introduction to the History of European Unity*(New York: Sheed & Ward, 1932), pp.222-223 참조.

주었기 때문이었다. 게다가 교회가 자유롭게 문화에 영향을 줄 수 있었던 시대이기 때문이기도 하였다.

도슨은 교회가 문화에 접근하는 방식에 있어서 결별과 제휴의 이 두 가지 전략들이 무엇보다 상호 배타적이지는 않았다고 평가하였다. 이것은 환경의 변화에 따라 약간의 제약이 있기는 하였지만 교회가 행할 수 있는 합법적인 선교방법이기도 하였다는 것이다. 그에 따르면 교회는 현실의 문화가 기독교적인 분위기이든 혹은 이교적인 분위기였든 상관없이 문화의 종(從)이 될 수만은 없었다는 것이다.159) 모든 경우에 있어서 교회는 인간의 사회를 위해 봉사하고자 진력하였으며, 그 같은 전략은 역사적인 환경 속에서 이루어졌던 것이다. 따라서 교회와 문화가 전략적으로 제휴하거나 통합하는 등 어떠한 모습으로 표현되었든지 간에, 이는 시대마다 표출된 문화적 특성에 따라 달라질 수 있었음을 보게 된다.

그러므로 도슨이 20세기의 문화가 그 특성에 있어서 과거 로마제국의 문화만큼이나 세속화 되었다는 점을 부각시키는 것은 당연하였다. 그렇기 때문에 그는 근대의 교회가 초기 교회의 전략을 선택해야 한다고 적극적으로 주장하였다. 초기의 교회는 조그만 지역 공동체 속에서도 기독교의 생활방식을 보존하고, 핍박을 받더라도 복음의 진리를 증거 하도록 촉구하였던 것이다.160)

3. 교회를 통한 회복

도슨은 근대의 교회가 초기 교회의 모습과 유사한 환경에 놓여 있다고 보았다. 따라서 세계의 존망은 새 시대의 기독교인들이 그들의 선교적인

---

159) 같은 책, p.223.
160) Dawson, "Nature and Destiny of Man", In *Enquiries*, p.46.

임무를 충실하게 이행하느냐 못하느냐에 달려 있다고 보았다.161) 도슨은 기독교문화의 회복을 위한 하나의 모델로서 교회를 상정하였다. 자신의 시대에 기독교인들이 초대교회의 모습처럼 그들의 선교적인 임무를 제대로 완수해 나간다면 이 같은 교회가 현재의 위기에 처한 서구문명을 구할 수 있을 것으로 보았다.

이를테면 도슨은 로마 제국에서처럼 근대세계의 신자들이 혼연일체가 되어 종교적인 역할을 수행하기간 하면 세상은 희망적이라는 낙관론을 전개하였던 것이다.162) 초기의 교회에서처럼 이들 조그만 공동체는 제사장, 선지자, 교사 그리고 평신도 등 종교적인 열심이 투철한 사람들로 구성되어 있다. 이 공동체의 규모가 크든 작든 그들의 역할을 수행하는 데는 전혀 문제가 되지 않는 것이다. 규모가 상대적으로 작았던 카타콤 공동체의 생활을 통해서 그 구성원들의 생활과 사상은 그대로 유지되었을 뿐 아니라 후세대에 그대로 전수되었던 것만 보아도 더욱 그러하다.163)

물론 이들 공동체가 근대문화를 빠르게 변화시키지는 않았다. 도슨에 따르면, 로마의 개종처럼 그 과정은 느리고 또한 고통스러운 면도 있었다는 것이다.164) 그럼에도 중세의 교회는 기독교문화를 형성하여 사회를 변화시켰던 것이다. 그렇기 때문에 그는 이들 공동체 내의 실질적인 구조가 어떠한지에 대해서는 큰 관심을 갖지 않은 것은 당연해 보인다. 그는 물론 수도원이념을 높이 평가한 판면에 평신도들로 구성된 이들 공동체가 과연 서구문명의 회복을 위한 모델이 된다고 생각하지는 않은 것 같다.

---

161) Dawson, *Historic Reality*, p.67.
162) Dawson, *Modern State*, p.121. 도슨은 또 다른 저서에서도 다음과 같이 말하였다. "사회와 국제의 正義는 靈性에 의해서 통치될 때 도달될 수 있다. 이 영성은 탐욕과 정욕의 지배를 떨쳐버리고, 인간을 무질서와 야만으로부터 해방시켜준다." *Enquiries*, p.342 참조.
163) Dawson, *Historic Reality*, p.68.
164) Dawson, *Modern State*, p.148.

마틴달(Martindale) 신부가 최근의 논문에서 지적하였듯이, 새로운 시대가 도래함에 따라서 새로운 종교생활의 양식이 요청되었다. 외적인 생활의 규율만으로 금욕적인 이상을 더 이상 강조할 수 없다. 그렇지만, 종교적인 소명심이 종교공동체를 통해 자연스럽게 표현되고 있다. 그렇기 때문에 이러한 문제는 신자들이 해결해 나가는 것이 더욱 쉽다. 왜냐하면 신자들의 삶의 전체가 종교적인 목적을 달성하기 위해서 절제되어야 하기 때문이다. 그러나 그들의 생활은 더욱 혼란스런 측면이 있다. 왜냐하면 그들의 삶의 외적인 양식이 종교적인 측면에서 볼 때에 그리 중요하지 않는 경제적인 요인에 의해서 결정되기 때문이다. 그리고 종교는 단지 내면의 삶을 제한할 뿐, 삶 자체는 세상에 그대로 노출되어 있다.165)

그리하여 도슨은 1940년에 가톨릭 측에서 시작된 성령의 검(the Sword of th Spirit) 운동을 실현 가능한 소규모의 기독교공동체 운동으로 인식하였다. 그는 이 운동에 부의장의 자격으로 적극 가담함으로써 교구의 성직자들과 연합을 시도하였으며, 평신도들을 이 운동에 가담시키고자 노력하였다. 그는 이 운동을 주도하는 구성원들의 사회계층이 어떠하든지 상관하지 않았고, 구성원들이 개인적으로 경건한 삶과 기독교의 자선사업에 헌신할 필요가 있다고 강조하였다.166) 왜냐하면 그는 역사가 인간 개인의 도덕적 결정의 산물이라는 믿음을 갖고 있었기 때문이다. 기독교인들 각자는 급진적이면서도 종교적인 변화를 추구해야 한다는 자신의 주장을 정당화하고자 하였던 것이다.167)

기독교인들은 문화생활의 원리 및 민족과 문명의 운명이 언제나 인간의 마음과 신의 의지에 의해서 결정된다고 생각한다. 그러나 기독교인들에게 역사의 신비는 완전히 가려져 있는 것만은 아니다. 왜냐하면 신비란 종교적인 힘에 의한 창조적인 행위와 종교적인 법칙에 순응하는 행위 속에 있

---

165) Dawson, *Enquiries*, p.309.

166) Dawson, *Historic Reality*, p.46.

167) Dawson, "Education and Christian Culture", *The Catholic Mind*, vol.52(April 1954), p.47.

기 때문이다. 민족과 시대의 특성을 결정짓는 문화적인 변화와 역사적인
혁명들은 개개인의 믿음과 통찰력, 거절과 맹목적성 같은 무수한 정신적
요인들이 통합되어 나타난 결과이다. 사회의 균형을 깨뜨리고 구조를 새로
운 모습으로 변형시키고자 시도하는 종교적인 행위에 대해서 아무도 제재
하려고 하지 않는다. 무명의 기독교인의 기도나 종교적인 굴복의 행위가
세계의 흐름을 변화시킬 수 있다고 단언할 수 있을 것이다.[168]

따라서 이들 공동체가 세계를 변화시키려면 믿음, 소망, 그리고 사랑이
라는 종교적인 덕목의 특성을 나타낼 필요가 있었다. 기독교는 살아있는
믿음이나 유기적인 사회적 실제로서 완전한 효력을 발휘하려던 개인이 영
혼을 치유하고 단절된 인간의 내면적인 삶을 회복시켜야만 한다.[169] 도슨
은 각기의 개인들이 신이 명령한 베푸는 삶을 살아야 하고 이러한 삶은
전 세계의 회복을 주도하는 원동력이 될 것으로 보았다.

도슨에 따르면 기독교는 사회가 역동적인 긴장 상태를 유지하도록 하였
을 뿐 아니라 인간의 문화를 통합하였다고 지적하였다. 기독교는 서구의
다양한 민족들을 통합함으로써 유럽의 문명을 낳았다는 것이다.

중세 초에 서서히 등장하기 시작한 새로운 문명은 종교적인 것이었다. 왜
냐하면 그 문명은 정치적인 통일이 아니라 종교적인 통일이었기 때문이다.
동양에서 제국의 통일은 모든 것을 포괄하며, 교회는 본질적으로 국가에 의
해 통제받았으나, 서양에서는 교회가 보편사회이고, 국가는 나약하고, 야만적
이고, 분열되어 있는 상태이다. 보통 사람들에게 남아 있는 유일하고도 참된
시민권은 교회의 구성원 자격이다. 그리고 이 자격은 세속의 국가에 대한 충
성심보다도 더욱 깊고도 넓었다. 계급과 국적의 모든 특징들을 뛰어넘는 것
은 근본적으로 사회적인 관계였다.[170]

---

168) Dawson, *Historic Reality*, p.18.
169) Dawson, *Enquiries*, p.307.
170) Dawson, *Progress and Religion: An Historical Enquiry*(London:

도슨은 다음과 같은 이유들 때문에 종교의 통합에 깊은 관심을 가졌다. 첫째, 역사적인 기독교세계는 종교적으로 공유된 믿음을 기초로 통합되었다는 것이다. 그리고 유럽의 통일은 결코 정치적 신조나 특정한 국가의 헤게모니하에서 이루어지지 않았다는 것이었다. 새로운 유럽의 질서 창조에 전념한 많은 정치가들이 행한 커다란 오류는 잃어버린 정신적, 신학적 통일성을 정치적, 이데올로기적인 방법으로 회복하고자 시도하였다는 것에 있다.171) 도슨은 유럽을 다시 회복할 수 있는 유일한 방법이 종교라고 역설하였다.

이데올로기와 인간의 철학의 한계는 사회학적인 경계를 넘어서 인간의 통합을 이루는 참된 가치가 되는 종교적 능력과 초월적인 힘이 부족하다는 데 있다. 사회는 신의 은총을 통해서만 얻을 수 있는 미덕들이 없이는 평화스러운 전체로 통일될 수 없는 것이었다. 도슨은 기독교의 정신적인 가치들을 자각하지 않고는 사회의 생활을 회복시키고 변화시킬 수는 없다고 주장하였다. 과거 문화의 역사는 철학이 문화를 통합시킬 수 없는 증거들을 제공해 주었다. 왜냐하면 과거 모든 인간의 문화는 세속적인 신조가 아니라 종교적인 것에 의해서 통합되었기 때문이다.

그리스의 철학사상도 강력하고 영향력 있는 철학적인 성향을 띠고 있지만, 평화롭고도 광범위하며, 지속적인 문화를 창출하는 데 실패하였던 것이다. 도슨은 그리스철학 사상이 실패하였던 두 가지 이유를 들었는데, 첫째는 인간을 학습하는 인간이 되도록 만들었지만, 이 인간들을 덕성이 있도록 가르치는 데 실패하였다는 것이다. 둘째는 그리스의 철학이 1세기의 로마나 19세기의 유럽의 소수의 귀족들 사이에서만 머물렀다는 것이다.172) 도슨은 유럽 사람들을 통합시키는 일에 성공하고자 한다면 종교적인 새로운 질서를 찾아야 한다고 못을 박았다. 더욱이 그는 종교적인 신념과 확신

Sheed & Ward, 1935), p.134.
171) Russell Hittinger, "Two Cities", p.198.
172) Jonathan Reyes, p.188.

에 근거하여 과거는 지속적으로 현재에 영향을 주고 있다고 보았다. 따라서 이제 새로운 질서는 궁극적으로 가톨리시즘(Catholicism)이 그 중심적인 역할을 할 수 있을 것이라그 주장하였다.173) 왜냐하면 이 카톨리시즘이 모든 계층을 초월하여 진정한 통합을 이룰 수 있을 것이기 대문이다.

한편 도슨은 교회가 인간의 고든 문화로 침투해 들어가 기존의 전통과 조화를 이루는 가운데 종교적인 정체성을 보존하고 선교적인 임무를 수행해야 하며, 인간문화의 모든 부요한 것들을 유산으로 남겨야 한다고 설명하였다.174) 따라서 교회는 사회와 서로 연합을 잘 해야 하며, 또한 그렇게 함으로써 주어진 환경을 주도적으로 변화시킬 수 있는 책임성 있는 기관일 수 있다는 것이다. 그렇다고 그는 그러한 일을 수행할 수 있기 교회가 기독교문화와 이교문화의 관계를 무비판적으로 동일시해서도 안 된다고 주장하였다.175)

결국 도슨은 국가가 개입함으로써가 아니라 개인의 구성원들이 속해 있는 교회를 통해서 그 선교조인 역할을 강조하였던 것이다. 말하자면, 기독교인이 자신이 소속해 있는 사회를 변화시켜야 하는 기본적인 임무가 바로 그리하였다. 서구의 역사에서 볼 때도 각기의 개인은 자신이 소속되어 있는 사회와 지적인 문화 속에 들어가서 제 역할을 감당해야 하는 것이었다. 그러나 그 각 개인은 그러한 기능을 제대로 수행하지 못하였으며, 그냥 사회라고 하는 전체 속에서 흡수되어 버렸다. 특히 19세기의 개인주의로 말미암아 이 같은 임무는 방해를 받게 되었으며, 그 기능은 축소되기에 이르렀다. 도슨은 이제 종교가 더 이상 개인의 양심에 관한 문제가 아니며, 기독교는 반개인주의적인 성향을 띠게 되었다고 보았다. 그리고 그 같은 측면이 사회의 한 양상이 되었다고 주장하였다.176)

---

173) Dawson, "Catholicism and the Modern World", p.265.
174) Dawson, *Religion and the Modern State*, p.150.
175) Dawson, *Formation of Christendom*, p.14.
176) Dawson, 같은 책, p.15.

그래서 도슨은 종교적인 측면에서 개별 인간이 자신의 참된 목적을 이룰 수 있는 것은 그리스도의 몸된 교회 안에서만 가능하며, 이것이 핵심적인 것이라고 논의하였다.[177] 그런 연유로 인해 그는 가톨릭교회의 성찬식을 참된 종교행위이자 완전한 표현이라고 보았다. 이와는 반대로 그는 프로테스탄트의 개인적인 종교행위에 대해서는 상당히 부정적이었다. 왜냐하면 프로테스탄티즘은 오로지 개인과 신의의 관계를 통한 영혼의 구원에만 관심이 있는 것으로 여겨졌기 때문이다. 게다가 프로테스탄티즘은 오로지 성서만 강조하고 종교적인 행위는 상징적인 것으로만 받아들이는 것이었다는 것이다. 도슨이 구상하고 있는 기독교적인 생활의 정수는 신은 물론 사람들과 공동체를 이룸으로써 사회에 공헌하는 것으로서, 이는 행위로 이어지는 것이었다.[178]

그러나 도슨이 바라는 바와는 달리 그 같은 교회는 사회를 회복시키는 역할을 현실적으로 제대로 수행하지 못하였다. 그는 그 이유를 교회의 구조적인 문제에 있다고 보지는 않았다. 그는 교회에 속한 개개인들 구성원이 각자의 자질들을 제대로 갖추어지지 못하였기 때문이라고 역설하였다.[179] 그래서 교회는 세속화되어 가는 현실 속에서 빛과 소금의 역할을 하지 못하고 도리어 세속의 영향을 받아서 제 기능을 수행하지 못하였다는 것이다.

도슨은 또한 종교적인 의미에서의 회복이 신의 의지에 달려 있다고 인식하였다. 그는 기독교문명의 최종 목표가 결국 성령의 능력으로 말미암아 인간의 본성을 변화시키고 지상의 당면한 필요들을 해결하는 것이라고 설명하였다.[180] 그러므로 기독교문화를 공부하고, 또 기독교문화 가운데 살

---

177) Dawson, *Modern State*, pp.144-145.
178) Dawson, *Enquiries*, p.306.
179) Dawson, "Catholicism and the Modern World", p.265
180) Dawson, *Judgment*, p.147. 성령의 능력이 당면한 현실을 극복할 수 있는 강력한 능력이었다. 과거 기독교인들은 로마제국의 문명과 야만 정복자들과 직면하면서 이를 극복하였다. 오늘날 우리가 직면해야 하는 새로운 이교주의는 과거보다는 더욱더 무시무시하다. 그러나 만일 우리가 성령의 능력으로 신앙을 가지고 행한다면 이는 극복될 수 있는 문제이다.

아야 하는 것은 물론 신이 직접적으로 근대 세계에서 관여하고 개입하도록 기도해야 하는 것이었다.[181]

도슨은 교회의 역사에서 볼 때, 신이 두 가지 방식으로 인간사에 개입 하였다고 주장하였다. 특히 초대 교회의 기독교인들은 고난의 시기에 신의 의지적 행위가 어떠한 식으로 나타나는지 이해할 수 없을 때, 그들은 주어 진 현실을 그대로 수긍하여 받아들였다. 그 같은 상황에서도 그들은 윤리 적인 이상과 종교적인 평정심을 그대로 유지하였던 것이다. 그리하여 신에 대한 그들의 믿음은 로마제국을 개종시켰던 것이었다.[182] 시대적으로 중 요한 필요가 있을 때마다 제 역할을 감당할 수 있는 사람들이 나타났으며, 교회가 도래한 시기에는 종교적인 에너지의 분출이 있었다. 이 분출은 사 람들을 통해서 이루어졌다. 그래서 기독교인의 생활은 세속과 더욱 분명하게 구별되었다. 신은 바로 선지자와 같은 성자들을 필요한 때에 보냈다. 신은 이들을 통해서 자신의 뜻에 따라 세상을 새롭게 만들어 갔던 것이다.[183]

도슨은 비범한 개인을 설명하고 있는데, 이들이 신의 뜻에 따라서 역사 를 변화시킨다는 것이다.[184] 성자 혹은 선지자로 불리는 그들은 홀로 세 상과 따로 떨어져서 행동하지는 않았다. 성자는 사회가 목적하는 바를 일 깨워주는 목소리 역할을 하였다. 그리고 그의 임무의 성공여부는 신에 대 한 그의 신앙과 정신적인 의지에 달려있었다. 이들은 기독교 생활의 새로 운 질서를 부여하는 데 기여하였다. 보통의 기독교인은 해야 할 역할이 따 로 있었다. 그것은 성자가 세상을 변화시키거나 세상의 문제들을 해결할 묵시적인 대책을 제시하기를 기다리는 것이었다.[185]

이들은 또한 모든 필요들을 신이 각 개인에게 내려주는 종교적인 힘에 의지하여 채움을 받았다. 도슨은 역사적인 위기 상황에서도 개인의 종교적인

---

181) Dawson, *Judgment*, p.151.
182) 같은 책.
183) Dawson, *Judgment*, p.184.
184) Dawson, *Enquiries*, p.298 참조.
185) Dawson, 같은 책, pp.309-310.

에너지의 분출을 통해 교회는 제 역할을 다할 수 있었고, 평범한 개인은 기독교문화를 삶 속에서 체득할 수 있었다는 것이다.[186] 따라서 도슨은 기독교의 예언자적인 요소가 기독교 전승의 본질적인 한 부분이라고 해석하였다. 그리고 중세는 고정되고 변화가 없는 안정된 질서를 유지할 수 있었던 이유로 교회가 중간 매개자의 역할을 수행했기 때문이라고 보았다.[187]

그러나 도슨의 설명에는 언어로 표현하기 어려운 막연하고도 애매한 구석이 존재하는 것도 사실이다. 정신적 혹은 초월적인 에너지가 분출되었다는 것은 무엇을 의미하는가? 이러한 면은 도슨이 어릴 적부터 깊이 관심을 가져왔던 신비주의와도 연관이 있기는 하다. 그러나 종교적인 신비주의는 종교적인 이해를 통해서만 알 수 있는 부분이지만, 개인의 우연적인 경험이 정당화 되거나 공론화 시킬 수는 없는 다분히 주관적 요소가 있는 것이다.

기독교문화의 회복을 구현하고자 하는 도슨의 이론과 방식들은 앞에서 논의한 것들로는 실패할 수밖에 없었다. 왜냐하면, 종교적인 접근이 종교와 관련된 모든 이들에게 검증된 설득력을 가져다주지 못하였기 때문이다. 그리고 종교적이면서도, 중세로의 회귀를 시도하고자 하는 그의 노력은 실현가능한 것이 아니라 자칫 이상주의적인 것으로 비추어질 수 있기 때문이다. 또한 그가 강조한 교회의 역할은 로마 가톨릭이나 프로테스탄트 모두가 이미 시도하면서 세상을 변화시키고자 자신들의 기능과 역할을 수행하고 있는 것이 아닌가?

그는 문화의 운명을 결정짓는 요소로서 창조적인 힘이 되는 것은 개개인의 마음의 자세라고 자각하고 이를 개인적으로 확증하였다. 이와 같은 힘을 소유한 개인들이 주변의 사람들을 변화시켜야 하는 것은 당연한 것이었다. 이를테면, 문화변화의 첫 단계는 바로 사람의 마음속에 자리 잡은 의식을 전환시킴으로써 가능한 것이다.[188] 도슨은 이것이야말로 사회적

---

186) Dawson, *Judgment*, p.87.
187) Dawson, 같은 책, p.153.

생활양식을 궁극적으로 변화시키고 새로운 문화를 창조하는 새로운 형태의 밑거름이 되는 것이라고 보았다.

도슨은 문화의 세속화과정에서 시작된 구 유럽의 세속화를 전도(轉倒)하기 위해서는 사상적 변혁이 필요하다는 점을 부각시켰다. 그는 교육을 통해서 세속화된 현실을 극복 하는 것이 가능하다고 보았다. 그리고 그의 이러한 의식의 전환은 20세기 초의 교육 개혁가들의 생각과 동일하였다. 그러나 접근방식과 이론은 서로 달랐다.

---

188) Dawson, "The Outlook for Christian Culture Today", *Cross Currents*, vol.5, no.2(Spring 1955), p.22; Joseph W. Koterski, "Religion as the Root of Culture", In *Christianity and Western Civilization, Christopher Dawson's Insights: Can a Culture Survive the Loss of Its Religious Roots?*(San Francisco: Ignatius Press, 1995), p.27.

Ⅳ. 도슨의 교육 프로그램 ─────

1. 근대의 교육

도슨은 서구가 지난 200여 년 동안에 기초가 불안정한 가운데 변화를 겪었고 그것을 지탱해 줄 수 있는 힘을 충분히 발휘할 수 없었기 때문에 문명의 위기를 자초하게 된 것이라 설명하였다. 그는 이 같은 문명의 위기의 원인이 서구의 세속화 에 있다고 전제를 하였다. 그는 세속화 과정의 동인들 가운데 종교의 쇠퇴에서 그 실마리를 찾고자 하였다. 따라서 그는 과거 중세사회의 통합적인 이데올로기의 역할을 수행하였던 기독교가 역사의 진행과정 속에서 서서히 분열되기 시작하였고, 의사종교들이 기독교를 대신하여 그 자리를 차지하게 됨으로써 문제가 부각된 것으로 파악하였던 것이다. 그리하여 서구인들은 중세 이후에 그들 스스로가 창조하였던 힘을 통제할 방법들을 창출해 내지 못했을 뿐 아니라 공동체의 목표도 상실하게 되었다는 것이었다. 다시 말해, 그는 인간의 생활을 주도해 나감으로써 변화를 창조해 나갈 수 있는 통일된 지성을 잃어 버렸다는 점을 부각시키고자 하였던 것이다.[189]

도슨은 이러한 문제들에 대해 단지 서구가 교육적인 영역을 소홀히 하였기 때문에 문명 위기의 상황에 처하게 되었다고 생각하지는 않았다. 왜냐하면, 역사상 그 어떤 문명도 서구 사회가 했던 것처럼 교육에 그렇게 많은 시간과 돈을 헌신적으로 투자한 적이 일찍이 없었기 때문이었다.[190] 그는 교육 그 자체보다는 교육을 이끌어 가는 주체가 객체를 잘못된 방향으로 주도해 갔다는 점을 강조하였던 것이다. 이를테면 그는 서구 근대의 교육 목표가 중세와 달리 공리주의와 실용주의로 변질되어 모든 사람들에게 보편화되었다는 것이다. 그리고 그는 그것으로 말미암아 나타난 사회의 실패, 다시 말해 과거 다른 어떤 사회보다도 더 체계적이면서도 충분한 교육적 혜택을 받았던 사람들의 실패라고 하는 다소 비관적인 측면을 더욱 부각시켰던 것이다.[191]

(1) 정신통합으로서의 교육

1950년대 초 도슨은 기독교문화의 연구를 교양교육에 접목시키고자 하는 시도를 하였다. 그의 이러한 시도는 글로 표현되었으며, 나아가 기포드 강의(Gifford Lectures) 등으로 이어졌다. 그 결과 그는 1958년 정식으로 하버드대의 정교수직(Charles Chauncey Stillman Professorship of Roman Catholic Studies at Harvard)을 얻을 수 있게 되었으며 자신의 교육개혁을 제도권 안에서 실천할 수 있는 기회를 가질 수 있었다. 그리하여 그는 그러한 기회에 자신의 이론들을 구체화하는 작업을 하기에 이르렀다.[192] 물론 당시에는 도슨뿐 아니라 많은 교육 개혁가들도 교육의

---

189) Christina A. Scott, *A Historian and His World*(New Jersey: Transaction Publishers, 1992), p.166 재인용.

190) Dawson, "Education and the Crisis of Christian Culture", *The Catholic Mind* vol.45(May 1947), p.268.

191) Christopher Dawson, *Understanding Europe*(New York: Sheed & Ward, 1952), pp.13-14.

192) 그의 연구 논문은 1950년대 초에 주로 기독교문화와 교육에 관한 논문들이 주

문제점을 동일하게 인식하고 이를 개혁하고 극복할 방안에 대해서 진지한 관심과 논의가 있어왔던 것도 기정사실이다.

하지만 도슨과 그들 사이에 뚜렷한 차이점이 있다면 그는 문화사가로서 근대부터 시작된 유럽의 딜레마를 극복하고자 지속적인 노력을 기울여 왔다는 점과, 교육을 통해서 사회적인 통합을 이루려는 것이 그것이다. 이런 이유에서 스펙(William A. Speck)은 근대의 교육에서 추구하는 실용주의, 공리주의를 표방하는 교육방식과는 달리 도슨이 종교교육을 통해서 기독교문화의 회복을 시도하였다고 평가하였다. 그러나 그의 그러한 평가에도 불구하고 종교교육의 형태가 어떤 식으로 진행되었는지 이를 구체적으로 밝히지 못한 한계를 보여 주었다. 그는 오히려 도슨의 기독교문화 회복론이 엘리트주의의 발로라는 비판적인 평가를 하는 데 그치고 말았다.[193] 도슨이 제안한 교육방식은 세속화된 서구를 비판하는 데서 출발한 것은 분명하였다. 그는 일차적으로 과거 서구에서 교육이 어떻게 진행되고, 발전되었으며, 어디에서 문제가 생겼는지에 대해서 논의하였다.

도슨은 지금까지 인류가 경험하고 시도해 온 교육의 모든 형태가 야만적인 것에서부터 가장 고도의 문화형태에 이르기까지 다양하지만 공통되는 두 가지 요소를 담지하고 있었다고 지적하였다. 그중 하나는 기술적인 요소이고, 나머지 하나는 전통적인 요소가 그것이다.[194] 그런데 그는 교육이 지금까지 더욱 중요시 해왔던 것은 전통적인 요소였다는 것이다. 이 전통적인 요소는 어린이들에게 무엇을, 어떻게 할 것인가를 가르치고, 또 어떻게 쓰고, 읽는지, 사냥하는 방법, 요리를 하고, 나무를 심고, 집을 짓는 방법 등을 가르쳤던 것이다. 도슨은 이 요소가 비록 조야한 것 같고 원시

를 이루고 있으며, 하버드 교수로 재직 중이었을 때 저작들도 맥을 같이 하고 있다.

193) William A. Speck, "Christopher Dawson: The Christian Intellectual as Antimodernist", *The Christian Scholar's Review*, vol.14(1985), p.119 참조.

194) Dawson, *Understanding, Europe*, p.17.

적인 것처럼 보이지만, 이것이 젊은이들로 하여금 자신들이 소속되어 있는 공동체의 사회적, 정신적 유산을 익히도록 가르쳤다고 파악하였다. 따라서 그가 주장하는 이러한 요소의 교육적 기능은 문명 전달의 기능을 하였던 것이 분명하다.195)

그러나 이러한 교육은 점점 절차들을 전문화시키고 양식화시키기에 이르렀다는 점이 문제시된다. 그리하여 교육은 이제 휴머니즘의 전통을 서구 문명의 가장 고차원적인 공통요소로 구현시키게 되었고, 그 시대의 젊은이들로 하여금 폭넓은 언어학 훈련을 통해서 이를 인식할 수 있도록 훈련시키게 되었던 것이다.196)

도슨은 영국 농부의 아들이나, 독일 상점 주인의 아들을 데려다가 키케로의 산문을 모방하도록 하고, 라틴 운문시를 복사시키고, 쓰게 하는 것은 유용성이 없어 보일 수 있다고 인정하였다. 그러나 그는 그러한 과정을 통해 수많은 지방어로 된 유럽문학에 공통된 고전적 전통의 틀을 형성하게 되었다고 지적하였다. 계속해서 그는 이러한 과정이 유럽의 모든 국가들의 교육받은 사회계층들에게 공통적인 일정한 기준의 고전적 가치를 전수하였다고 평가하였다.197)

도슨은 교육을 통해 사회계층에게 공통의 가치기준을 제시할 수 있었던 이유가 공통의 정신적 전승에 기초한 지적 상부구조 때문이라고 보았다. 즉 이러한 구조는 구유럽의 교육제도 안에서 중간적인 위치를 차지하고 있었으며, 그 아래는 모든 사람에게 공통적으로 적용되는 종교교육이 있었고, 그 위로는 성직자에게 해당하는 보다 차원 높은 신학교육이 있었다는 것이다.198)

이제 과거에 가장 낮은 수준의 사회계층, 즉 공부하고도 제대로 인정받지 못했던 하층구조에게 행하던 교육의 수준이 오늘에 이르러서는 가장 중

---

195) Dawson, "The Study of Christian Culture as a Means of Education",
    Lumen Vitae, vol.5(January 1950), p.172.
196) 같은 논문.
197) 같은 논문, p.173.
198) 같은 논문, p.174.

요한 부분이 되었다. 물론 이 같은 현상은 지역에 따라 현저히 다르게 나타났던 것으로 보인다. 도슨은 그 이유를 물질적인 것이 아닌 종교적인 것으로 파악하였다. 왜냐하면 유럽의 여러 지역들 중 프로테스탄트가 다수를 이루는 지역이 성서와 교리문답(catechism)에 교육의 기초를 둔 반면, 가톨릭이 다수를 차지하는 지역에서는 기도서와 종교예술, 연극과 무언극에 기초를 두었으므로 교회가 민중의 학교로서의 역할을 하였기 때문이었다. 그러나 그는 그 어떤 경우에도 이들 교육은 지역 공동의 구조적 신념과 공동의 도덕기준을 제공하였을 뿐 아니라 지역 공동체의 정신세계의 중핵을 이루는 세계사와 종교사의 모범적 바탕이 된 것으로 이해하였다.[199]

물론 문명전달이라는 관점에서 본다면 당시의 고전교육이 중요한 역할을 한 것은 사실이었지만, 그 일은 하나의 수단에 불과할 수 있었다. 고전교육은 문명의 유산을 후세에 전승시키는 기능을 하는 사회 교육제도의 일부에 지나지 않는 면도 있기 때문이다.[200] 교육을 보존하거나 부활시킨다 하더라도, 교육 자체만으로 현재의 서구인들이 갖는 문제를 해결 할 수는 없는 면이 있다. 그들이 필요로 하는 것은 단순히 낡은 제도의 틀 속에서 고전적 인문주의 요소를 찾아내는 것만은 아니다. 그래서 그는 이 구제도가 이미 꼭대기에서부터 밑창까지 완전히 사라져 버린 제도로 평가하였던 것이다.[201] 그는 서구문명의 정신적인 지속성이 오래도록 보존되려면 교육이 갖는 의의를 전체적으로 재조명해야 하며, 고등교육의 혜택을 입은 상부계층에 구축되었던 공통의 정신적인 기반이 갖는 중요성이 무엇인지 인식하는 작업이 우선되어야 한다고 주장하였던 것이다.[202]

도슨은 이 같은 인식을 갖지 못한 이유가 민중의 일상생활 속에 있는 정신적 뿌리로부터 고등교육을 분리하였기 때문이라고 말하였다. 즉, 서구

---

199) 같은 논문.
200) Koterski, "Religion as the Root of Culture", p.30.
201) Dawson, *The Crisis of Western Education*, p.29.
202) 같은 책, p.30.

문명은 모든 사회에 활력을 불어넣지도 못하고, 현재와 과거를 통합하여 생명력 있는 전통을 표현하지도 못하였으며, 오히려 단순한 추상적인 개념에 그치고 말았다는 것이다.[203]

그렇기 때문에 도슨은 서구문명의 정신적인 통합성을 이해하려고 한다면, 무엇보다도 서구 문명을 전체적으로 조망할 수 있는 시야가 필요하다 점을 강조하였다. 기존의 연구들은 그러한 면들을 접근하지 않았기 때문에 필요로 하는 성과들을 도출할 수 없었다. 따라서 그는 이를 달성하기 위해서는 먼저 다음과 같은 세 가지 장애요소를 제거하는 작업부터 우선적으로 착수해야 한다고 주장하였다. 그는 이 세 가지 요소들을 제거하기만 한다면 서구 문명의 정신적 통합이 가능하다는 낙관론을 피력하였다.[204]

첫째는 근대 민족주의의 대두로 말미암아 유럽인들은 유럽의 여타 민족들을 자신들과 동일시하지 않고 차별화 하였다는 것이다. 단적인 예로 독일의 인종주의적 민족주의와 자국의 역사를 가르치고 자국어를 사람들에게 가르침으로써 민족의식을 싹틔운 근대의 교육이 그러한 예이다. 둘째는 종교와 문화 사이의 분리의 문제이다. 이러한 현상은 기독교 내의 교단들 사이의 분열과 아울러 기독교의 초월적인 가치가 인간 중심의 상대적인 가치와 동일시되거나 연합하려는 것을 기피하고자 하는 현상에 기인하는 면도 있다.[205] 이는 개인의 믿음과 소명이라고 하는 신학적인 이원론을 천명한 종교개혁에 그 기원이 되었다. 그런 측면에서 도슨은 루터의 종교개혁을 비판하는 입장에 서 있기도 하다. 셋째로는 근대에 이르러 서구문명이 방대할 정도로 확대됨으로써 비교의 기준을 상실하였다는 점에 있다. 그래서 서구문명은 다른 여러 문명들 중의 하나가 아니라 절대적인 의미를 지니는 문명이 되었다. 서구문명의 이러한 측면은 유럽만이 유일한 절대적인 기준

---

203) 같은 책.
204) Dawson, "Catholicism, Secularism, and the Modern World", *The Catholic Mind*(May-June 1961), p.264.
205) 같은 논문.

이라는 사고에 치명적인 상처를 입혔다. 이것은 또한 19세기 서구문명뿐만 아니라 교육에도 심각한 영향을 끼쳤다. 그 영향으로 19세기 내내 그토록 강화되었던 진보에 대한 확신에도 같은 상흔을 남겼기 때문에 사람들은 이제 정반대 방향으로 후퇴를 하였던 것이다.206)

(2) 근대 교육의 실상

도슨은 상당히 오래전부터 서구문학에는 엘리트주의적인 징조가 나타났었고, 이와 같은 흐름은 서구문명과 교육에 심각한 영향을 끼쳤다고 확신하였다. 19세기 러시아와 20세기 독일에서 등장한 지식인들의 전형적인 비극이 단적인 예에 해당한다는 것이다. 그리고 그는 고등교육을 실시함으로써 지적으로 유능한 엘리트 집단을 형성시키기 위한 방대한 노력들이 오히려 비관주의와 허무주의, 그리고 폭력정신을 키우는 결과를 가져오게 된 것으로 파악하였다.207)

그렇다면 이러한 방식의 교육제도 자체에는 심각한 오류가 있음이 분명하다. 다시 말해서, 그 사회에서는 가장 유능한 인재를 뽑아서 그들끼리 경쟁적인 발전을 도모하도록 하였는데, 그 결과는 그들이 자신들을 도와준 사회에 대항하는 혁명적이고도 냉소적인 사람들로 변하였다는 점이 그러하다. 여기에서 분명히 짚고 넘어가야 할 것이 있다. 도슨이 주장하는 것처럼 과도한 경쟁을 유발시킨 근대 교육제도의 핵심적인 결함은 교육과 사회를 통합시키는 공통의 정신적 배경을 상실했다는 데 있는 것이다.208) 그러므로 그가 근대교육의 문제점이라고 파악한 논지는 일면 설득력을 지니고 있는 것으로 보인다.

이제 19세기의 영감을 불러 일으켰으며 진보를 추구하였던 자유주의의 신

---

206) Dawson, "The Study of Christian Culture as a Means of Education",
　　　p.177.
207) Dawson, *Understanding*. p.20.
208) 같은 책, p.21.

앙은 기실 서구 공동사회들을 결속시키기 위한 단순하고도 적극적인 종교적 신앙을 대치한 것에 불과한 것이 되었다. 도슨은 "과거와 서구문명의 유산에 대해 올바른 이해를 하고자 한다면, 무엇보다도 19세기의 발전상보다는 하나의 객관적인 역사적 실체로서의 서구 기독교권, 즉 중세의 서구를 지켜왔던 정신적 공동사회를 새롭게 재조명할 것"을 주장하기에 이르렀다.209)

그래서 도슨은 자신의 논지를 정당화하기 위해서 과거 고전 휴머니즘 교육이 그리스, 로마의 전통을 연구함으로써 인간에 대한 재발견을 이룩했던 것처럼 근대의 교육에서도 이러한 정신적 공동사회를 연구하여 인간에 대한 재발견이 이루어져야 한다고 기술하였던 것이다.210) 왜냐하면 도슨이 주장한 대로 첫째, 기독교권의 문명은 오늘날 서구문명의 원천으로서 매우 중요한 가치를 지닐 뿐 아니라, 고전문명이 가졌던 것보다 더욱 커다란 본질적인 가치를 보유하고 있기 때문이었다.211)

둘째는 정신적인 공동사회, 또는 심리적 연속체의 존재라는 것은 근대 서구사회에 산적해 있는 모든 활동들의 저변에 존재하는 것으로 서구교육을 가능하게 했던 궁극적인 실체이기 때문이기도 하다는 점이다. 그럼에도 유럽문명의 연구가 하나의 정규 교육과정으로 자리 잡지 못한 이유는 무엇인가? 도슨은 이에 대해서 다음과 같이 설명하였다.

도슨은 일차적으로 유럽문명이 너무나 방대하고도 복잡하다는 데 그 원인이 있다고 문제를 제기하였다. 다시 말해서 고전교육은 단순한 두 가지 언어와 문학, 그리고 역사만을 포함하고 있었다는 데에 큰 이점이 있었으나, 오늘날의 유럽문명은 약 20개에 이르는 지방언어를 갖게 되었고, 그 역사는 그보다 훨씬 더 많은 수의 정치 공동사회로 확대되어 갔다는 것이

---

209) Dawson, "Education and Christian Culture", *The Catholic Mind*, vol.52(April 1954), p.199.
210) Dawson, "Christianity and Western Culture", Edward Alcott ed., *Will Western Civilization Survive?: Challenging Readings for Contemporary Times*(Toronto: Hunt Publishing Company, 1981), p.85.
211) 같은 논문.

다. 이 같은 이유들 때문에 교육자들이 문화적 민족주의가 중요한 줄은 알고 있으나 다양한 지방언어와 다양한 문화의 장벽을 뛰어 넘어 공동의 문화를 형성하지는 못하였던 것이다.[212]

지금까지 유럽 공동사회의 교육적인 상황은 학생들에게 문화들 사이에 뚜렷이 구별되는 특성들에만 관심을 갖게 함으로써 그들이 문화들 사이에 공통적으로 존재하는 특징들을 가볍게 취급하거나 간과해 버리게 만들었다. 이러한 점은 전통적인 민족주의적 접근태도를 완전히 역전시키는 방법임을 나타내는 것임을 반증하는 것이었다는 것이 도슨의 평가이다.[213] 유럽이 원천적으로 전통의 기반을 고수하고 있었던 토대는 종교였기 때문에 종교적인 발전을 지속해 온 곳에 종교적인 관심을 더욱 많이 갖도록 하는 것은 당연해 보인다.

도슨도 이해하고 있듯이 과거에는 정치사와 교회사를 자기 수용적인 학문으로 간주하여 종교사 연구를 교회사가에게만 맡기는 경향이 있었다.[214] 그러나 이와 같은 태도는 문명의 지적인 통합성을 무시하게 되고, 문명사 자체를 이들 두 분야의 어느 한 쪽에도 관련짓지 못할 뿐 아니라 정치사와 교회사 그 어느 쪽에도 충실하지 못한 결과를 가져올 뿐이다.

도슨은 과거의 기독교 공동사회가 신앙적인 형태뿐이 아니라 서구문명사회의 조직을 뒷받침하는 법률적인 형태를 지니고 있었다는 사실을 간과해서는 안 된다고 설명하였다. 즉, 사람들은 세례와 성찬식을 통해 기독교 공동사회에 속하게 되었고 이것은 지난 중세 1000년 이상 동안 정치적 공동사회의 시민이 되는 중요한 요건이었다는 것이다. 그리고 어느 정도의 차이는 있으나 교회법은 일상의 시민법을 구속한 면도 있었다. 그래서 영국과 같은 신교 국가도 개인의 지위와 재산 같은 기본적인 문제는 기독교 법정의 권한 아래에 속해 있었던 것이다.[215]

---

212) 같은 논문.
213) Dawson, "As a Means of Education", p.179.
214) 같은 논문, p.180.

기독교는 중세 게르만족의 왕들이 기독교를 처음 수용했을 때부터 일천 년 이상 유럽에 존재해 온 상황을 그대로 잘 반영하고 있다. 왜냐하면 기독교를 수용하는 일은 새로운 생활양식을 받아들이겠다는 뜻의 공적인 표현이자, 법률적으로는 새로운 국제적 공동의 사회에 가입한다는 의미도 담고 있기 때문이다.216)

위와 같은 상황에 대한 사회학적 혹은 심리학적 변화의 본질을 이해하는 것은 때때로 학교나 대학에서 배워온 대부분의 역사보다도 훨씬 더 중요한 교육적인 의미를 지니기도 한다. 그리고 이것은 아마도 다른 분야에서 배워야 할 일일 수도 있다. 그렇지 않다면 개인이 직접 경험하면서 터득하든지 가정교육을 통해서 익힐 수도 있을 것이다.

그렇지만, 도슨이 지적하고 있듯이 오늘날 사람들은 서구 기독교 사회의 존재를 가능하게 하고, 문화의 근원 깊숙이 뿌리박혀 있는 문명의 심리적 기초에는 별다른 관심을 갖고 있지 않는 것 같다. 그래서 도슨은 프로이드의 심리학적 관점에서 문명의 변화를 서술하는 시도를 하였던 것이다. 그는 우선 일어났던 사건을 Id(본능충동)의 영역이라고 상정하였다. 그리고 이 Id로부터 SuperEgo(초자아)의 과정으로 이동하는 것을 종교의 이행이라 지칭하였다.217) 그는 그 예로 북유럽 야만족들의 종교의 수용을 제시하였다. 처음에 그들의 종교는 자신들이 속해 있던 사회를 유지시켜 주는 정도의 역할은 되었으나, 지적인 힘이 될 수 없었음은 물론 도덕적인 것은 더더욱 아니었던 것이다. 왜냐하면 그들의 종교는 단지 맹목적이면서도 막연히 자연의 힘에만 의존하는 본능적인 숭배의식에 불과하였다.218)

그들은 기독교를 자신들의 종교로 수용하면서 지금껏 자신들이 섬겨오던 예전의 신들과 종교의식에 대해서 무능하고 사악한 것으로 간주하는 일

---

215) Dawson, *Historic Reality*, p.72.
216) Dawson, "The Study of Christian Culture as a Means of Education"
   Lumen Vitae, vol.5(January 1950), p.180 참조.
217) 같은 논문, p.179.
218) 같은 논문.

은 물론 거부하기에 이르렀던 것이다. 그래서 그들의 종교는 더 이상 Id 라고 하는 본능에 예속되지 않았다. 이제 종교는 사람들로 하여금 인간의 행위를 객관적 도덕률에 순응시키고자 의식적이고도 지속적인 노력을 기울 이게 하고, 새로운 생활과 정신적 완성이라는 승화된 모습으로 믿음의 행 위들을 시도하도록 요구하였던 것이다.[219] 이제 죄의식도 집단에서 책임 지던 것에서 개인의식의 책임으로 전가되게 되었다.

이러한 측면에서 볼 때, 오늘날 도덕적인 노력과 개인적인 책임의식은 서구 기독교문명의 특성으로 간주할 수 있다. 비약적인 면이 없지는 않지 만 그래도 이러한 점은 서구문명의 본질적인 특성으로 자리매김 되었다고 볼 수 있으며, 모든 외형적, 정치적, 물질적인 성취를 이룩한 것으로 보인다. 물론 도슨이 말한 대로 문화는 SuperEgo의 구조를 지니고 있는 측면이 있고, 문화와 야만을 구별하는 중요한 요소가 되는 면이 있기도 하다. 그 렇지만 이 과정에서 종교가 담당한 역할은 중요한 차이점들이 있다.[220]

도슨은 서구의 종교가 아닌 동양의 종교들을 예로 들어서 그 차이점들 을 설명하였다. 말하자면, 서구의 기독교는 종교의 개종의 특성으로서 Id 와의 첨예한 대립과 갈등을 보이고 있는 반면, 힌두교는 이러한 면들이 나 타나고 있지 않다는 것이다. 도덕적인 노력을 통해서 보다 숭고한 인생을 살도록 한다거나, 또는 훈련을 통해서 종교적인 승화를 하는 서구의 기독 교와는 달리 힌두교는 단순히 시바의 춤처럼 우주적인 충동의 표현으로만 여겨졌다.[221]

도슨은 불교 또한 매우 고차원적으로 발전된 SuperEgo의 형태라고 설 명하였다. 그러나 여기서도 불교의 SuperEgo는 개인의 죽음의 충동과 연관되기 때문에 인생의 도덕적 승화는 니르바나(Nirvana)에서 끝나게 되며, 그리고 그것은 회귀의 과정을 그린다고 지적하였다.[222] 그렇기 때

---

219) 같은 논문, p.180.
220) 같은 논문.
221) 같은 논문.

문에 개인의 SuperEgo는 더 이상 사회의 역동적인 발전이라든가 진보 및 전승으로서 존재할 수 없다는 것이다. 한편 도슨은 이러한 성향을 띠는 종교가 서구세계에서도 현존하고 있다고 보는데 마니교가 바로 그러하다는 것이다. 그러나 그는 마니교가 SuperEgo와 간헐적 단절의 양상을 보이기도 하고 그 외 형이상학적이면서도 이원주의의 형태를 띠고 있는 종교에서 발견되기도 한다고 설명하였다.223)

도슨은 동양과는 달리 서구문명의 특징적인 양상은 항상 도덕적 생을 추구하는 정신이 유지되었으며, 개인적인 SuperEgo는 사회를 이끌어 갈 수 있는 역동적인 힘이 되었다고 역설하였다. 다시 말해 기독교적 전통은 개인의 의식을 독립적인 개체로 만들어 줌으로써 사회의 관습적 전통성을 약화시키는 부정적인 기능을 하였지만, 그 독립된 개인은 사회에 주도적인 역할을 담당함으로써 사회화의 한 과정을 열었다는 것이다.224)

도슨은 학자들에게 연구의 가치가 있는 중요한 역사는 유럽 여러 나라들의 분쟁과 같은 정치적인 역사가 아니라 보다 역동적인 정신과정을 연구하는 역사가 되어야 한다는 주장을 하였다.225) 그럼에도 그는 이 같은 연구가 제대로 이루어지지 않는 핵심적인 이유는 이데올로기냐 아니면 정신적인 것이냐를 결정하는 일이었다는 것이다. 만일 정신의 진보가 유럽문명에 등장해서 외적으로 표현되어 나타나면 어떻게 받아들여야 할 것인가? 서구인들은 그러한 과정에 대해서 어떠한 태도를 취하겠는가? 진정 어느 한쪽에 치우치지 않고 서구문명의 정신적인 과정을 연구하는 작업이 가능한 일인가에 대한 의문이 당연히 제기된다.

도슨은 이 점에 대해서 다음과 같이 기술하면서 자신의 논지를 정당화하고 있다.

---

222) 같은 논문.
223) 같은 논문, p.181.
224) 같은 논문.
225) 같은 논문, p.182.

기독교신앙의 수용 자체가 기독교 문명연구의 전제조건일 수는 없다. 결코 기독교인이 아니고서도 서구문명을 정신적 통합으로서 기독교를 연구하고 평가하는 것은 가능하다. 결국 그것이 19세기의 많은 자유주의적 인본주의 역사가와 사회과학자들의 입장이었으나, 이들은 정신적 국면에서조차, 그들 스스로가 유럽문명의 전통을 계승하고 있다고 외부적으로 표출하지는 않았다. 그들은 기독교문명의 도덕적 역동성을 깊이 의식했고, 그러한 정신풍토를 진심으로 받아들였다. 사실 그들은 더 고상하고, 순수하고, 훨씬 더 승화된 윤리적 사상에 의해, 그들이 기독교 전임자들보다 훨씬 나은 방향으로 가고 있다고 스스로 생각했다.[226]

도슨은 19세기의 인본주의 역사가들과 사회과학자들을 가리켜 초기독교인이라고 불렀다. 그는 서구문명에 대해 이들이 갖는 전형적인 태도의 예를 매튜 아놀드(Matthew Arnold)에서 찾았다. 그는 아놀드의 저서들의 서문(『문학과 도그마』, 『아일랜드 수상록』)에서 그의 사상을 잘 표현하고 있다고 보았다. 그러나 도슨은 이 모든 것이 고대사의 일부에만 해당되는 것일 뿐이며, 앞으로 진행시켜 나가는 연구과제들 속에 첨부되어 있는 에피소드에 불과하다고 평가하였다. 왜냐하면 오늘날에 직면한 어려움과는 전혀 다른 성격을 띠고 있기 때문이라는 것이다.[227]

도슨은 그 증거로 기독교의 형이상학과 신학적 신념 못지않게 기독교적인 도덕관념과 그것의 심리학적 구조를 근본적으로 거부하는 기독교문명 비판주의의 출현을 제시하였다. 이 비판주의는 서구문명의 탄생을 가져온 정신혁명에 대한 반발은 물론 나아가 과거 이교적인 세계로의 회귀를 지향한다는 것이었다. 그는 이러한 이교세계의 정신적 상황의 예가 바로 나치즘과 같은 의식적인 신이교적 운동, 그리고 기독교 세계관을 반대하는 형태의 유물론들이 있다고 지적하였다. 그는 이것이야말로 도덕적인 삶을 추구하고자 하는 서구문명에 대한 반역이자, 문명발전의 핵심적인 역할을 하

---

226) Dawson, *Historic Reality*, p.87
227) Dawson, *Understanding*, p.26.

는 개인의식이 그 지배적 위치에서 뒤로 물러나도록 하는 적이라고 강하게 반대하였다. 그러한 결과 그는 개인이 가졌던 죄의식은 이제 대중의 의식 속으로 흡수되었다는 것을 의미하게 되었다고 인식하였다. 그리하여 그는 인종들 간의 증오심과 계급투쟁을 일으켰던 종족들 간의 죄의식이나 계급적인 죄의식으로 변모되었다고 파악하였던 것이다.[228]

도슨은 위와 같은 특징들에도 불구하고 유럽의 문명이 통합 가능하다고 보고 있는데, 그 이유는 서구 문명이 정치적인 이유들 때문에 형성된 국가가 아니라 신앙, 도덕과 고귀한 정신적 가치를 공유하고 있는 사람들로 구성된 사회이기 때문이라는 것이다.[229] 도슨은 유럽의 국가들이 보다 광범위한 정신사회의 부분이며, 그 부분들의 기능을 이해하려면 전체의 본질, 즉 성격을 연구함으로써만 가능하다고 평가하였다.[230]

도슨은 지금까지 전체를 고려하지 않고 부분을 연구하는 데 너무 치우쳐 왔기 때문에, 전체적 문화 같은 것은 잊혀버릴 위험에 직면해 있다고 역설하였다. 그는 이 같은 전체관념이 고대의 고전적 인문주의 교육자들에겐 결코 잃어버릴 수 없는 것이며, 심지어 현학적인 체할 때도 망각되지 않는 최고의 지향점이라고 하였다. 그러나 그는 문명에 대한 연구가 이 같이 소홀히 되는 것은 의도적인 것이 아니라 자연적인 것이었으며, 보다 복잡한 요소들로 인해 연구에 어려운 점이 있다는 것 또한 인정하였다.[231]

(3) 교육개혁의 필요성

도슨은 서구가 19세기 이후 교육과 사회생활을 통합시켜 주는 공통의 정신적 배경을 상실하였다는 점을 지적하였다. 그렇기 때문에 그는 상실한

---

228) 같은 책, pp.26-27.
229) Dawson, "Religion and Mass Civilization: The Problem of the Future", *The Dublin Review*, vol.214(January 1944) p.7.
230) 같은 논문.
231) Dawson, "Future of Christian Culture", *The Commonweal*, vol.62, no.24(March 19, 1954), p.497.

문명의 회복을 위한 연구와 노력이 절실하게 요구된다고 주장하였다. 그는 유럽문화의 전통에 기반이 된다고 생각했던 종교의 회복을 주장하였던 것이다. 왜냐하면 그는 종교야말로 유럽사회의 공통된 구성요소가 될 뿐 아니라 서구에 관한 연구의 기본적 틀이 될 것으로 확신하였기 때문이다.

도슨은 이 종교를 회복하기 위한 실천적인 대안으로서 교육적 개혁이 필요하다고 역설하였다. 사실 그가 보기에 근대의 교육은 많은 문제점을 안고 있는 것이었다. 도슨은 근대의 교육이 안고 있는 결함을 다음과 같이 지적하였다. 첫째는 교육이 질적인 측면을 추진하기보다는 양적인 확산만을 주된 목표로 교육을 이끌어 가고 있었다는 것이다. 그리하여 교육은 일종의 상품으로 전락하게 되었고, 교육이 추구하는 목표도 인간의 가치와 본성의 변화에 주된 관심이 있다기보다는 기계나 상품처럼 생산을 극대화하는 양적인 팽창에 더 주안점을 두었다고 보았다. 그래서 교육은 더 많은 학생에게 더 많은 과목들을 더 오래도록 가르치는 것이 그 목적이 되었던 것이었다. 그러나 그 같은 교육의 목적은 교육 혜택의 보편화를 가져왔지만, 오히려 이 보편화로 인해서 교육은 양적 팽창을 가져오는 데 그쳐 질적인 저하 또한 동시에 수반되었다. 도슨은 이제 교육이 소수 특권층만을 대상으로 진행된 것이 아니라 모든 이들에게 개방되어 의무적인 학습을 하도록 강요하게 됨으로써 지식추구의 열정을 가지고 주야로 공부하는 순수한 학자의 모습은 더 이상 찾아 볼 수 없게 되었다고 평가하였던 것이다.[232]

둘째, 도슨은 보통교육이 확립됨으로 교육과 국가 사이의 관계 또한 변화되었다고 평가하였다. 과거의 교육은 주로 교회나 대학에서 자발적이면서도 고유한 권한을 가지고 독자적으로 시행되었지만, 현재 보통교육의 폐해는 교육이 사회 내에서의 독립성을 상실하였기 때문에 정치적인 권력 이외에는 근대문명을 주도할 매개체가 없어졌다는 것이다. 더구나 정치지도자들이 정도에서 벗어날 때 이를 바로잡아 줄 수 있는 대안조차도 없다는

---

232) Dawson, *Understanding*, p.15.

것이다. 그리하여 교육은 자연스럽게 국가의 통제아래 들어가게 됨으로써 국유화되는 것은 필연이었고, 극단적인 경우 특정 정당의 목적대로 꼭두각시처럼 움직이게 되어 버렸다. 그리고 그는 교육의 범위가 점차 확대되고, 분화됨으로써 전공과목과 기술훈련의 정도가 수 백 가지로 늘어남에 따라서 국가만이 그 전체를 통합할 수 있는 유일한 기구가 될 수밖에 없는 현실이 되었다고 평가하였다.[233]

도슨은 교육의 국유화가 전체주의 국가에서만 나타나는 현상이 아니라고 보았다. 그것은 오히려 전체주의 체제가 출현하기 이전에도 존재하였으며, 대개의 경우는 그러한 추세로 인해서 전체주의가 양산되었다고 보았다.[234] 이러한 경향은 현대의 국가들이 전체주의를 반대한다고 하더라도 당면한 현실이라는 것이다. 과거의 전통적인 교육제도는 국가와 정치적인 영역을 초월하여 보편적인 지성과 공동의 가치기준을 교회를 통해서 제공해 주었으나 모든 시민들이 교육의 기회가 확대됨으로써 보통교육으로 확대되는 장점은 있었으나, 이로 인해서 학자가 된 서구는 도슨의 비유대로 학문의 공화국을 이룩하였던 것이다.[235]

사람들은 전통적인 구제도하에서 행해졌던 초등교육과 중등교육을 통해 지적으로 뿐 아니라 자신들이 속해 있는 사회에 봉사와 지도를 하도록 동기부여를 받을 수 있었다. 초등교육은 어린이들에게 그들 나름의 교양을 가르쳤고, 중등교육에서는 학생들에게 라틴어, 그리스어를 가르쳐서 교육받은 사람들이 어느 곳에서나 공통학문에 대한 지식을 갖고 고전어의 해독능력을 가질 수 있도록 해 주었다. 그러나 오늘날의 안목에서 볼 때 이러한 전통교육은 지나치게 제한적인 것으로 보일 수 있다. 근대적인 생활, 현세의 일, 근대문명의 기술과는 무관한 이들 고전지식은 무용지물로 보일 수 있다.

그렇기 때문에 19세기의 교육 개혁가들이 다음과 같은 주장들을 할 수

---

233) Dawson, *Understanding*, p.14.
234) Dawson, "Education and Crisis", p.274.
235) 같은 논문.

있었던 것은 어떻게 보면 당연해 보인다. 그래서 그들은 교육이 근대 지식의 모든 영역을 포함할 수 있어야 하는 것은 물론 숙련된 기술자, 훈련된 전문가, 혹은 연구원을 양성하는 등 교육의 일대 개혁을 단행해야 한다고 주장하였던 것이다. 그들의 야심에 찬 노력들이 있었으나, 교육적 개혁은 성공적인 결과를 가져오지는 않았다. 그러한 실패의 결과에도 불구하고 지난 50년 내지 100여년에 걸쳐서 그들의 주장은 결국 널리 받아들여져서 채택되었던 것이다.[236] 그렇다면, 그 이후의 결과는 어떤 식으로 전개되었는가?

도슨은 이에 대해서 전체 지식은 너무나 광범위하기 때문에 솔직히 어느 누구도 이를 다 포용할 수 없을 뿐 아니라 개별 기술자들과 연구자들의 전문성이 너무나 심화되었기 때문에 여타 분야의 지식과 관련을 맺기가 매우 어렵다고 주장하였다.[237] 도슨의 주장대로라면 그 파급효과는 더욱 부정적이 될 수밖에 없다. 그렇기 때문에 근대 과학과 기술이 낳은 문명의 긍정적인 모습에도 불구하고 이제 사회는 더욱 복잡하면서도 세속적인 성격을 띠게 되었다는 것은 당연한 논리적 귀결이다.

도슨은 다양한 전문성이 계속 발전하여 파편화 될수록 그 사회의 공동체 의식과 기반이 되는 인프라는 약하게 된다고 설명하였던 것이다. 그는 서구의 이러한 역사적 흐름으로 인해 서구 문명의 열매가 되는 자유의 정신과 공동체의식은 치명적인 상처를 입게 될 것이라고 예견하였다. 그리하여 서구는 중세의 종교를 제외하고 그들을 하나로 묶을 수 있는 이데올로기, 사상적 전환, 그리고 정치권력의 힘을 빌려서 국민적 통합을 이루고자 여러 가지 시도를 할 수밖에 없다는 것이다. 그러나 서구의 필사적인 노력에도 불구하고 교육은 실패를 가져오게 되며, 한 걸음 더 나아가 미래에 가서는 완전히 기계화된 대중 사회가 될 것으로 그는 판단하였던 것이다.[238]

---

236) Dawson, *Medieval Essay*(New York: Image Books, 1954), p.14 참조; Justus George Lawler, *The Catholic Dimension in Higher Education*(Maryland: The Newman Press, 1959), 141.
237) Dawson, *Understanding*, p.15.
238) 같은 책, p.16.

2. 교육의 목적

어떻게 하면 문명의 정신을 보존하며, 서구문명의 정신적 전통을 회복할 수 있을 것인가? 이에 대한 해결을 위해서는 철학자, 종교지도자, 정치가, 그리고 교육자 모두가 그 책임을 분담하여 나름대로 담당해야 할 역할이 있을 것으로 본다. 그러나 도슨은 이 중에서도 교육자의 책임이 가장 막중하다고 보았다. 그는 그 이유에 대해 교육 분야가 다음 세대의 장래에 직접적인 영향을 줄 수 있는 분야이기 때문이라고 평가하였다.[239]

도슨의 교육에 대한 정의는 광범위한 의미로 이해된다. 도슨은 교육에 대해 공동사회의 새로운 구성원이 자신의 행동이나 태도를 결정하게 하는 가장 단순한 요소에서부터 가장 고차원적 전통이 되는 정신적 지혜를 습득하는 일에 이르기까지 각기의 생활양식과 사상에 익숙해져 가는 모든 과정이라고 정의하였다.[240] 도슨이 실천방안으로서 교육론을 표방하였을 때에는 기존의 사회학자들이 정의하는 교육 개념과 종교적 요소 또한 포함되어 있었다. 그 핵심은 바로 기독교교육인 것이다. 그리고 그는 이 기독교교육을 기독교적 생활양식과 사상을 전수하는 것으로 이해하였다. 아울러 이 교육은 인간 전체를 훈련시키는 총체적이면서도 전인격적인 것으로서 종교적인 성찬예식이 그 중심축을 이루고, 상징주의, 예배행위 등을 통해서 구현된 카타르시스와 계몽의 과정이었다.[241] 그래서 이 기독교교육은 현실적으로는 기독교 공동사회로의 입문은 물론 종교적인 의미에서는 또 다른 영원한 세계를 향한 여정의 시작이었던 것으로 파악되었다.[242] 그렇다면

---

239) Dawson, "Education and Christian Culture", *The Catholic Mind* (April 1954), p.201.
240) Dawson, *Understanding Europe*, p.221; "The Problem of the Future: Total Secularization or a Return to Christian Culture?", *Communio*, vol.16, no.4(1989), p.131.
241) Frank O'Malley, "Religion and the Modern Mind", p.491 재인용.
242) 같은 논문, p.493.

오늘날 교육적 의미로 재해석 했을 경우 이와 같은 기독교 교육이 과연 세속 교육의 범주에 들어갈 수 있을 것인가 하는 질문이 생긴다. 이것은 어디까지나 종교의식과 관련된 것에 불과할 뿐 인간의 행동을 변화시키고 공동사회의 구성원으로서 필요한 생활양식을 습득할 수 있는 교육이라고 평가할 수 있느냐 하는 것이다.

이에 대해서 도슨은 다음과 같이 부연하면서 자신의 논지를 정당화 하고 있다. 그는 종교적인 의식과 관련된 모든 행위들을 현재의 기준에서 평가 한다면 단순한 지식의 획득과 전수, 그리고 학습에 그치는 것이지만, 이들 종교행위는 고차원적인 지식을 획득하게 하고, 지적인 노력과 진보를 이루 게 하는 과거와 현재의 위대한 정신적 산물이라고 높이 평가하였다.243)

도슨은 어떠한 교육전통도 반드시 도덕적인 가치들을 담지하고 있어야 한다고 주장하였고, 지식과 미덕을 강조하는 소크라테스적인 교육방법론이 모든 교육철학과 체계의 근간이 되어야 한다고 기술하였다.244) 더욱이 이 들 가치들은 역사적인 공동체를 구성하는 개개인에게 각인되어야 하며, 교 육은 문화화(enculturation)의 과정이라고 주장하였다.245) 그는 특정 집단에 속해 있는 학습자들이 규칙적인 교육과 훈육을 통해 공동체 내의 역사와 문화를 의식하게 된다고 설명하고, 그러한 교육을 통해서 그 지역 의 독특한 특성인 제식의 의미들을 일깨워 줄 수 있다고 설명하였다.246)

그가 초기에 문화를 인류학적인 개념으로 정의했을 때, 이 문화는 사회 에 의해서 전수되고 그 사회의 개인이 획득하는 것이며, 이 과정은 교육을 통해서 후대에 전달되는데, 그 교육전달 매체가 언어라는 것이었다. 문화

---

243) Dawson, *Essays in Order*(New York: Macmillan, 1931), p.189.
244) Dawson, "Christianity and the Humanist Tradition", *The Dublin Review*(Winter 1952); *The Dawson Newsletter*(Summer 1993), p.3 재인용.
245) Dawson, *The Crisis of Western Education*(New York: Image Books, 1961), p.7.
246) 같은 책, p.8.

는 이 언어습득을 통해서 전이되고 또한 통합된다는 것이다. 따라서 도슨의 문화와 교육은 불가분의 관계에 있다는 것이 판명되었다.247)

그러나 도슨이 실제로 문제를 제기하고 있는 부분은 근대의 교육에 관한 것이었다. 이들 근대의 교육은 18세기 계몽주의 이후 다시 말해, 서구문화가 급속한 세속화와 함께 시작된 이후 갑작스런 변화를 겪게 되었다는 것이다. 그는 근대교육의 목적이 인간의 참된 가치와 존엄성 및 본성, 그리고 전통에 대한 이해와 규범들을 일깨워 주는 일에 치중하기보다는 일정한 시험에 통과하는 것에 있다는 점을 주목하였다.248) 그뿐만 아니라 그는 근대 교육의 실용적인 목적에 동의를 하고 있는 근대 교육사상가들의 관점과도 상반된 견해를 갖고 있었다.

일례로 근대 교육사상가들을 대표하는 듀이(John Dewey, 1859-1952)가 주장한 교육의 실용화를 꼽을 수 있다. 그는 교양교육의 목적이 시민다운 삶을 위한 인격도야나 지성의 훈련이 아니라고 말하였다. 그는 교육을 통해 인간이 환경에 보다 용이하게 적응하도록 하며, 모든 개인이 사회적 가치를 형성하는 일에 참여함으로써 민주주의의 발전에 도움을 주고, 나아가 민주적인 지성이라 할 수 있는 궁극적인 집단의 지성 계발에 기여하는 것이라고 하였다.249) 듀이의 이러한 주장은 결국 1919년 컬럼비아대학, 1925년 시카고대학, 그리고 1938년에는 미국교육협회를 중심으로 교양과목의 변화를 가져오는 계기를 마련하게 되었던 것이다.250)

그러나 도슨은 듀이가 말하는 민주적 공동체가 전체주의 이념이 말하는 것과 같은 정치적 공동체는 아니라고 이해하였다. 듀이가 염두에 두고 있는

---

247) 같은 책.
248) Stephen Tonsor, "Redefining Liberal Education", *Modern Age*, vol.16, no.3(Summer 1972), p.277.
249) Dawson, *The Historic Reality of Christian Culture*, p.107.
250) Russell Hittinger, "Christopher Dawson: A View from the Social Sciences", In *Catholic Writer*, Ralph McInerny ed.,(San Francisco: Ignatius Press, 1991), p.39.

것은 정치적인 국가조직이 아닌 대중적인 문화공동체였던 것이다.251) 문
화공동체는 전통적인 문화개념에 타격을 주는 것이었다. 왜냐하면 그것은
가르치는 교사와 배우는 학생 사이의 자연스러운 관계를 파괴하고 고차원
적인 지적, 윤리적 가치를 대중의 지성에 굴복하도록 만들기 때문이다.252)

고등한 형태의 문화생성 과정을 고찰하는 작업은 실로 어려운 일이다.
왜냐하면 원시적인 부족조차도 성인식과 종족의 춤을 통하여 사회적 참여
와 공동체적 체험을 훌륭히 해내고 있기 때문이다. 물론 이 같은 참여와
체험은 듀이가 지향하는 이상이기도 하다. 현대의 민주적 교육가들은 학교
교육과 생활을 통합시키기 위한 노력들을 하고 있으나 이러한 노력들이 야
만인들의 그것보다 우월하다고 말할 수는 없다.

나아가 도슨은 듀이가 전통, 권위, 가족에 대해서는 적대적이며, 진보와 계
몽과 같은 메커니즘을 선호하였다고 비판하였다.253) 그러나 도슨은 중세의 정
신적인 공동체나 교회의 정신으로 되돌아가야 한다고 주장하였다. 이것은 그의
사상의 대전제, 즉 종교는 문화의 기반에 기원하고 있다는 것과 일맥상통하다.

도슨이 교육에 대해 관심을 갖기 시작한 시기는 20세기 중반 지식인 사회
의 전반적인 지적 파편화로 말미암아서 조성되었다. 서두에서도 논의한 바와
같이 19세기 서구 기독교세계는 문화를 통합하지 못하여 붕괴도기에 이르렀
고, 더 이상 서로 다른 개인들의 활동을 하나로 묶어줄 수 있는 공통된 정신
적인 개념은 존재하지 않았다.254) 도슨은 자신의 시대에 새롭게 문화를 재
통합 할 수 있는 희망이 아직 남아 있다고 조심스럽게 자신의 견해를 피력하
였다. 근대에는 대중교육이 확장되고 전문적인 과학의 발전으로 교육의 역할
이 한층 강화된 반면, 지적인 질서체계는 더욱 광범위해져 국가권력만이 교
육을 통제하게 되고 자본이 하나의 힘으로 작용하게 되었다는 것이다.255)

---

251) Dawson, *The Historic Reality*, p.108.
252) 같은 책.
253) Dawson, "Dealing with the Enlightenment and Liberal Ideology",
 The Commonweal, vol.60(May 14, 1954), p.139.
254) Dawson, *Progress and Religion*, p.218.

그가 진정으로 우려한 것은 중세 사회에서 종교가 문화통합의 원리로서 필수적인 기능을 수행할 수 있었던 반면 근대사회와 세계에서는 문화를 통합할 수 있는 대안이 없다는 것이었다.256) 도슨은 이로 인해 문화통합이 불가능하다는 점에 일시적인 좌절을 경험하면서 서구의 정치적인 운명이 암울하다는 것을 인식하였다. 그는 기독교적인 맥락과 전통적인 사상이 통합을 이루지 못하고 전문화가 지속적으로 팽창해 나가는 것에 우려를 표시하였던 것이다. 즉 전문화의 팽창은 정치가와 저널리스트에게 전문적인 조언을 해 줄 수 있을 뿐 공동체를 통합할 수 있는 어떠한 개념적인 틀도 제공해 주지 못한다고 하였다.

그는 1961년 자신의 논지를 더욱 구체화 하였다. 말하자면, 공리주의와 전문성의 발전이 오히려 교양교육에 치명적인 상처를 주었을 뿐 아니라 전체주의적 민족주의와 공산주의하에서 근대 서구문화의 지적인 붕괴를 가져오는 주된 요인들 중의 하나가 되었다고 설명하였다.257) 왜냐하면 새로운 교육풍토하에서는 국가의 통제 속에서 개인의 자유로운 교육을 추구하기보다는 민족과 이념이 우선시되었기 때문이었다.258)

도슨은 특히, 동양뿐 아니라 서구의 정신적인 진공상태를 채우기 위해 모든 가능한 도구들을 활용함으로써 취약한 세대들을 문화화 시키는 데 전체주의자들이 위협적인 존재가 된다고 믿었다. 그는 그 대응책으로 1950년대 초부터 기독교문화 연구를 시작하였던 것이다.259) 그는 기독교문화

---

255) Dawson, *Enquiries*, p.31; *Understanding Europe*, p.15 참조.
256) Dawson, "The Study of Christian Culture as a Means of Education", *Lumen Vitae*, vol.5(March 1950), pp.173-174; Dawson, *Understanding Europe*, p. 221; "Education and Christian Culture", p.217.
257) Dawson, *The Crisis of Western Education*, p.108.
258) Charles F. Donovan, "The Tradition Behind Our Learning", *America*, vol.105(April 8, 1961), p.85.
259) 글리슨은 도슨이 1950년대 초부터 기독교 문화의 회복으로서 교육에 대한 관심이 진행되었다고 주장했다. Philip Gleason, "Christopher Dawson and the Study of Christian Culture", *The Chesterton Review*, vol.9(May 1983), p.167.

에 관한 연구야말로 당면한 문제를 풀 수 있는 열쇠가 된다고 굳게 확신하였다. 그는 서구의 세속교육이 인간에게 근본적인 변화를 추구하기보다는 추상적 개념과 야만성을 기초로 하고 있기 때문에 근대성은 실패하였다고 주장하였다.

도슨은 근대의 교육이 진보와 계몽이라는 타이틀을 내걸고 추진되었지만, 세속화와 국가권력의 중앙집권화로 말미암아 과거 교회가 수행했던 교육적인 기능을 수행할 수 없었으며, 종교적인 영감과 능력을 보여주는 성직자의 역할은 실용적인 지식을 가르치는 것으로 대체되고 말았다고 보았다.[260] 그는 보통교육이 전체주의를 용의주도하게 만드는 가장 중요한 단계라는 신념을 가졌다. 왜냐하면 보통교육은 교회의 전통적인 역할을 박탈하고, 세속 이데올로기로 사회의 구성원들을 교화시킬 수 있는 제도적인 구조를 제공하기 때문이다. 그렇게 함으로써 각 세대들에게 적합한 사회적인 내적 규범들을 습득시킬 수 있었다. 이제 국가는 공동체의 정신을 다스릴 수 있는 능력을 획득하게 되었고 전체주의 질서를 구축하게 되었던 것이다.[261]

도슨은 보통교육에 대한 이 같은 잘못된 확신이 지난 십수 년 동안 전체주의와 민주주의 국가들 사이에서 퍼져나갔다고 생각하였다. 그래서 1960년대 근대교육은 인간정신의 기반을 상실하게 만들었고, 획일화 되었다고 평가하였다. 도슨은 다음과 같은 우려를 나타내었다.

> 보통교육이 더욱 세속화되고, 교육비의 지출규모가 커지면서 국가가 교육을 독점하게 되면 현대문화에서 기독교적인 요소는 사라지게 되며, 살아 있는 종교 혹은 반동종교의 역할을 하는 세속화는 더욱 승리할 수밖에 없다한 걸음 더 나아가 기독교적인 생활방식은 표준화 된 사회의 행동양식에서 일탈한 불법적인 것으로 비난을 받게 된다.[262]

---

260) Newman, *Apologia pro Vita Sua*, p.277; Dawson, *Tradition and Inheritance*, pp. 25-26.
261) Dawson, *Beyond Poiitics*, p.28.
262) Dawson, *Historic Reality*, p.41.

도슨이 교육에 관심을 가졌던 이유는 기독교를 위협하는 전체주의와 그 문화에 대응하기 위한 것이며, 근대의 모든 정치체제는 완전히 전체주의적이라는 개인적인 확신에 연유하고 있음을 볼 수 있다.

도슨은 근대 시기의 보통교육 제도하에서는 어떠한 구원의 방법도 찾을 수 없을 뿐 아니라 교회가 사람들의 마음을 제대로 잡아주지 못하고 그 역할을 학교에 위임하였다고 설명하였다. 그리고 고등교육이 전문화된 기술만을 강조하는 양상으로 붕괴되지만 않는다면 이를 통해 문화를 하나로 통일시킬 수 있는 방법을 모색하는 작업이 필요하다고 부연하였다. 그래서 그는 기독교문화의 체계적인 연구를 수행할 것을 제시하였던 것이다. 그는 이 기독교 문화가 전체주의 이데올로기에 대한 대안이자 통합적인 교육으로 이끌 수 있는 유일한 방법이라는 가설을 설정하였다.263) 나아가 기독교문화의 연구는 정치와 민족을 초월하여 동양과 서양과의 구분을 뛰어넘을 수 있는 보편성을 향해 나아갈 것으로 믿었다.264)

도슨은 종교가 문화와 교육 모두의 기초가 될 수 있다면 기독교인들과 가톨릭 신자들은 서구 문명의 뿌리가 되는 그들의 종교적인 신념들을 더욱 강화시킬 의무 또한 있다고 보았다. 그리고 이러한 전통을 살리려면 본질적이고도 교육적인 종교적 과업이 기독교세계의 사회적인 이상과 함께 추구되어야 한다고 논의했다. 근대의 문명이 아무리 세속화되었다고 하더라도 기독교가 전해지지 않은 미개척지에서 종교교육은 여전히 사막에 흐르는 강처럼, 혹은 관개시설을 이용하여 목마른 땅에 물을 공급하는 것처럼 이교도들의 삶을 기독교적인 삶으로 변화시킬 수 있다고 보았다.265)

도슨은 자신의 교육 프로그램을 종교변증론의 입장에서 제시하기도 하였으나, 그보다는 오히려 넓은 의미에서의 종교교육을 강조함으로써 종교

---

263) 같은 책, p.88, 108.
264) Leo R. Ward, "Dawson on Education in Christian Culture", *Modern Age*, vol.17, no.4(Fall 1973), p.404.
265) Dawson, *Understanding Europe*, pp.231-232.

와 근대사회, 그리고 종교의 실제적인 경험의 세계와 사회경험의 세계 사이에서 접촉점을 찾고자 시도하였다.[266] 그가 통합의 매개체로서 기독교문화를 연구하기 시작하였던 것도 이러한 연유에서였다는 것은 분명하다. 그리하여 그는 사회학적인 특성을 가지고 문화를 지속적으로 연구함으로써 기독교문화의 기원, 발전, 성과들을 교육에 접목시킬 것을 제안하였다. 이제 도슨에 의해서 제기된 기독교문화는 단순히 신학과 철학이라고 하는 협소한 학문분과가 아니라 여러 세기에 걸쳐서 진행되어 왔던 기독교의 삶과 사상에 대한 총체적인 측면을 담고 있는 것이 되었다. 그는 이 같은 총체적인 접근을 통해서만 근대의 세속적인 교육과정에서 누락된 부분을 보완할 수 있다고 믿었던 것이다. 즉, 서구 문화가 어떻게 존재하게 되었고 그 문화의 본질적인 가치들은 무엇이며, 서구 문화에서 기독교적인 요소들을 지지해 주는 초석은 무엇인지에 대한 지식들을 알도록 해야 한다는 것이었다.[267]

도슨은 기독교문화 연구의 철학적인 기반을 아카데미즘의 관점에서 찾고 이를 실천하고자 하였다. 그는 대학이라고 하는 고등교육 기관을 통해서 자신의 사상을 구체화하고자 하였던 것이다. 그렇기 때문에 그가 하버드대학의 교수직 요청을 수락하였던 것도 이러한 맥락이 농후하다. 그는 기독교문화 이론이 초등학생부터 대학생에 이르는 모든 교육수혜자들에게 골고루 교육되어야 한다고 믿었지만, 우선 고등교육을 받는 대학생에게 필요하다고 굳게 믿었다. 도슨은 당시에 만연해 있는 세속화의 주된 영향이 대학들을 잠식하고 있다고 보았기 때문에 그와 같이 주장하였다.

도슨은 특히, 교육체계의 급진적인 변화가 필요하며 미국의 초등학교와 중등학교에도 국가의 지원을 받는 것이 포함되어야 한다고 주장하였다. 그는 우선 자신의 프로그램이 근본적으로 가톨릭적인 교육의 행로를 변화시킬 것이라고 주장하였다. 그러나 실제로 그와 같은 국가적인 지원은 있을 수 없었다. 왜냐하면, 국가는 전문 인력의 양성을 통해서 사회에 필요한 재원

---

266) Dawson, "The Challenge of Secularism", p.328.
267) Dawson, *The Crisis of the Western Education*, p.112.

을 만드는 데 관심이 있었기 때문이다. 그래서 그는 대학에서 신학과 철학이 지나치게 전문화되어 있다고 비판하였다. 오히려 제한된 가톨릭 교육이 일반인들을 무지하게 했다고 설명하였다.[268] 그는 가톨릭교인들을 교화시킴으로써 이러한 지적인 결손부분을 보충할 수 있을 것으로 진단하였다.

기독교 교육의 중심되는 목적은 시민의식을 고취시켜서 시민 모두가 참된 신앙을 받아들이게 되고, 나아가 공동체의 구성원으로 자각할 수 있도록 돕는 것이다. 그래서 도슨은 기독교 교육이 세속의 문명보다도 더 구체적이고 실제적이어야 한다고 피력하였다.[269] 그는 기독교 신자들이 교회의 전승과 가치들을 학습함으로써 기독교의 생활과 사상은 물론 초월적인 실재의 세계로의 입문과정을 배워야 한다고 주장하였다. 그는 근대성과 그것의 교육시스템이 이를 무시하고 거부하였다고 평가하였다.[270] 그에 대한 해결책으로서 그는 가톨릭 교육이 문화적인 영향력을 고양시킬 수 있는 중요한 과정이 될 수 있으며, 특히 미국에서 그 같은 효력을 나타낼 수 있을 것으로 생각하였다. 그는 서구문명의 세속화를 막고, 기독교적인 중세의 모습을 지속적으로 유지하기 위해서는 교육받은 가톨릭 신자들이 가톨릭의 교리와 문화를 깊이 있게 학습함으로써 당대에 만연되어 있는 문화에 영향을 주어야 한다고 하였다.[271]

그러나 도슨은 기독교 후기의 시대처럼 신앙이 하나의 일상으로만 되어서는 불충분하다는 점에 주의하였다. 그는 세속화된 사회에서 가톨릭교육을 보존하고자 한다면, 가톨릭 이외의 교육에 관해서도 합당한 역할을 담당해야 한다고 논의했다. 문명의 미래는 대다수의 운명을 결정하기 때문에 근대교육의 현 상황에서 어떠한 것도 하지 않는다면, 대중들의 마음은 기독교 문화의 전승과는 점점 멀어지게 된다고 평가하였던 것이다.[272]

---

268) 같은 책, p.106; "Education and Christian Culture", p.216.
269) 같은 책, p.149. 이 내용과 약간 다른 설명이 나타나는 면도 있다. "Dealing
    with the Enlightenment and Liberal Ideology", p.139 참조.
270) Adam Schwartz, "The Third Spring", p.1079.
271) Dawson, "Future of Christian Culture", p.597.
272) 같은 논문, p.598 참조.

기실 도슨은 기독교문화의 연구는 기독교인보다는 세속주의자가 연구하는 것이 더욱 필요할 수도 있다고 생각하였다. 왜냐하면 그는 기독교인은 일반 사람들이 갖추고 있는 과거에 대한 이해의 개념이 부족하다고 보았기 때문이다.273) 그는 당시에 가톨릭주의가 정통 기독교 유산을 가장 잘 전수할 수 있는 대리인이며, 전체주의에 대항할 수 있는 가장 견실한 기저임을 확신하면서도 그의 교육 프로그램을 가톨릭 종교교육에만 적용하는 데는 적대감을 표출하였다.

도슨은 일반교육의 특성을 어느 정도 수용하면서도 기독교문화 연구라는 종교교육도 받아들이도록 주장하였다.274) 도슨의 교육적 의도는 사람들이 근대 세속사회를 무비판적으로 받아들이도록 하는 것은 아니었다. 그는 대학들이 균형감을 가지고 자신의 교육 프로그램도 수용하도록 권면하였다. 말하자면, 그는 교육 개혁가들이 종교의 정신적인 가치와 종교적 진리에 객관적 특성이 존재한다고 인정할 수만 있다면 그의 교육 프로그램은 세속화에 대응하는 전혀 다른 운동이 될 수 있다고 보았다. 그는 이것이 기독교의 고등교육이 여전히 존재해야 하는 이유가 되며, 그렇기 때문에 근대 과학기술사회에서 세속주의는 아직 승리하지 않았다고 논의하였다.275)

도슨은 반근대적인 입장에서 고전교육의 부활을 주장하였다. 그는 전통적인 형태의 고전교육은 구시대의 유물에 불과하며 서구문명이 요구하는 보편적이고 통합적인 요소를 더 이상 공급할 수 없다는 주장들을 반박하였다. 그는 고전교육을 통해서는 문명통합이 사실상 불가능하다고 주장하였다. 그러나 그의 주장이 문명통합이 불필요하다거나 혹은 단순히 기술적 측면에서만 통합을 위한 요소를 찾아야 한다는 것을 의미하지 않는다.

도슨은 오히려 서구 사회가 과거 그 어느 때보다도 종교교육을 필요로 하며,

---

273) Dawson, *The Crisis of the Western Education*, p.111; "Education and Christian Culture", pp.219-220.
274) 같은 책, p.118.
275) E. Y. Hales, "The Dawson Legacy" *The Tablet*(April 1, 1972), p.200.

이 교육이야말로 후대에 직접적인 영향을 줄 수 있기 때문이라고 보았다. 그는 20세기에 전문화와 공리주의의 발전으로 교육의 범위가 넓어지는 원심적인 경향에 대항할 수 있는 구심적인 통합의 원리가 절실히 필요하다고 평가하였다.[276]

그래서 도슨은 교육의 형태가 그리스와 로마, 중세와 종교개혁, 계몽주의 시대를 거치면서 어떠한 방식으로 변형되어 왔는지 추적하는 작업을 일차적으로 수행하였던 것이다. 그리하여 그는 문명통합의 실제적인 방법으로서 교육이라는 매개체를 지명할 수 있었고, 이 교육이 문명전달자의 역할을 하였다는 것을 강조하였던 것이다. 그리고 그는 이러한 면을 중세의 교육에서 찾았던 것이다. 도슨은 교육을 통해서 기독교문화의 회복을 도모하여 종교와 문화가 분리된 현재의 서구를 통합할 수 있는 실제적인 가능성을 제시하였던 것이다.

도슨은 자신의 기독교문화의 연구가 뉴만(John Henry Newman, 1801-1890)이 교육, 종교, 문화를 통합하는 것이 필요하다고 주장한 것과 일치하는 면이 있다고 인정하였다.[277] 그러나 러셀로(Gerald Russello)의 주장대로 뉴만을 필두로 19세기 가톨릭 부흥운동을 주도한 교육 개혁가들은 기독교문화의 중세적인 단면만을 보고 기독교문화를 중세문화와 동일시하는데 급급했다. 바로 이러한 점이 도슨의 주장과는 분명 다른 점이다.[278] 즉 도슨은 중세문화와 기독교문화를 동일시 한 것만은 아니었다. 중세문화가 기독교문화와 비슷한 면은 있지만 기독교문화는 중세 이전에도 존재하였다는 것이 그 주된 이유이다.

---

276) Dawson, *Understanding Europe*, p.15.

277) Dawson, *Historic Reality*, pp.105-106. 뉴만은 교양과목과 신학을 분리시킬 것이 아니라 통합하여 교육이 이루어져야 한다고 주장하였다. 그는 이를테면 고대 그리스와 로마의 교육적인 특성을 살리고, 중세에 성행했던 신학을 가르침으로써 근대교육의 세속화를 해결할 수 있으며, 유럽의 진정한 문화공동체를 세울 수 있을 것으로 파악하였다.

278) Gerald Russello, *Christianity and European Culture: Selections from the Work of Christopher Dawson*(Washington D. C.: The Catholic University of America Press, 1998), p. xxii.

또 일부의 학자들은 교부시대를 기독교문화의 전성시대로 보기도 하였다. 그 결과 기독교문화 개념의 폭이 매우 협소하게 되어 기독교문화가 특정한 시대, 혹은 특정한 사회적 환경을 초월한 개념이라는 사실이 망각되어 버렸다.[279] 도슨은 기독교문화의 연구대상과 범위가 너무나 넓기 때문에 그 문화전체를 연구대상으로 삼는 것이 불가능하다는 주장을 인정하였다. 그러나 헬레니즘, 이슬람, 그리고 중국문화도 기독교문화 만큼이나 광범위하기 때문에 이들을 연구할 때는 총체적인 연구와 전문적 개별적인 연구가 병행되어야 한다고 했다.[280]

도슨의 기독교문화 연구는 20세기 초 로마 가톨릭세계의 극점에 위치해 있다고 볼 수 있다. 그는 자신의 시대에 근대성을 논의하고 교육개혁론 분야에서도 주변의 여러 학자들과 지속적인 논쟁을 벌이는 단초를 제공하였던 것이다. 그러나 그의 광범위한 관심에도 불구하고 논의의 상당부분은 가톨릭 학자들 사이에서만 이루어져 왔다. 이제 실제적으로 그가 추진하였던 교육의 실천방안들을 논의해 보고자 한다. 이는 교양교육적인 측면과 기독교문화의 연구라는 두 부분으로 구성된다.

3. 교육의 내용

(1) 교양교육(Liberal Education)[281]

도슨은 대학의 1, 2학년 학생들이 주로 수강하도록 되어 있는 교양교육

---

279) 같은 책.
280) 같은 책.
281) 교양교육(liberal education)은 흔히 자유교육이라고도 불리는데, 이 자유교육이 대학에 자리를 잡으면서 교양교육이 되었다. 그리고 초기의 교양교육이 소수의 엘리트들을 위한 교육이었다가, 오늘날에는 그 교육대상의 범위가 확대되어 일반교육(general education)이라는 용어와 혼용되어 사용되기도 하지만, 본 연구에서는 교양교육으로 통일한다.

과목으로서 기독교문화 과목과 3, 4학년 학생들이 주로 수강하도록 되어 있는 심화교육으로서의 기독교문화 과목 등 두 부분으로 구분하여 교육이 이루어지도록 제안하였다. 그는 이러한 교육 커리큘럼을 통해서 종교의 역할과 기능 또한 강조되어야 한다고 주장하였다. 도슨이 교양교육을 어떻게 이해하고 있었으며, 또한 그가 어떠한 커리큘럼을 계획하고 있었는지, 그리고 기독교문화 연구의 교양교육과 심화교육을 어떻게 준비하여야 하는지에 대한 논의가 필요한 시점에 와 있다.

도슨은 우선 교육사적 관점에서 볼 때, 교양교육의 개념이 주로 그리스와 로마의 기원에만 둠으로써 이것에 편중되어 있다고 비판하였다. 그는 서구문화의 기원을 탐구함으로써 그 흐름을 주도했던 교육의 진행방식이 두 가지 사조로만 주도되어 왔다는 점을 구체적으로 밝히고 있다. 첫째는 기존의 교육계에서도 적용하고 있는 그리스, 로마적인 방식이고, 둘째는 유대적인 방식 혹은 히브리적인 방식이 그것이다. 그는 그리스, 로마적인 방식은 근대 이후에 합리적인 과학을 발전시키는 토대가 되었고, 유대적인 방식은 중세의 서구문화에 초월적 실재에 관한 관심을 고양시켰다고 평가하였다.282) 도슨은 고전적인 교육전통에 해당하는 이 두 방식을 통해 서구인들이 고전문화와 철학을 배우고, 성서와 교부들의 개인문집을 공부하면서 윤리와 도덕교육이 이루어졌다고 평가하였다.283)

그 다음 고전교육에서 자유학과(*artes liberales*)라고 불리는 교양교육의 기원에 대해서 알아보도록 하자. 자유학과는 플라톤의 아카데미아(*Academia*), 그리고 아리스토텔레스의 리키움(*Lyceum*)에서 유래된 모든 형태의 교육의 개념으로서 파이데이아(*Paideia*)를 그 목표로 하였다. liberal은 자유를 의미하는 *liberales*로부터 유래된 용어로서, *artes liberales*(liberal education)는 당시 노예가 아닌 시민들이 받았던 자유인을 위한 교육을 가리키는 용어

---

282) Dawson, "On the Place of Religious Study in Education", *The Christian Scholar*, vol.45, no.1(Spring 1962), p.37.
283) Dawson, *The Crisis of the Western Education*, pp.10-13 참조.

였다.284) 여기서 자유인이란 노예와는 달리 여가시간을 지녔던 사람들을 지칭하는 것이었다.

보통은 이 자유교육과 노예교육이 서로 구분되어서 설명되었다. 자유교육은 자유민에게 합당한 교육으로서 어느 한 가지만을 배우는 것이 아니라 모든 지식과 기예를 치우치지 않고 조화롭게 익히는 것이 주로 강조되었다. 그리고 실용적인 것과 그별되면서 정신적인 활동을 의미하는 것으로서 이성적 능력의 조화와 균형을 추구하는 것이 *artes liberales*라 불리게 되었다. 이것은 실생활과 관련된 기술이나 특정한 한 가지만 전문적으로 배우는 *artes serviles*와 구분되었다.285)

그 후 교양교육은 기원 후 1세기에는 퀸틸리안(Quintillian), 6세기에는 카시오도루스(Cassiodorus), 그리고 7세기에는 이시도르(Isidcre) 등에 의해서 적용되었다. 그리고 중서에 가서는 3학(*Trivium*)과 4과(*Quadrivium*)로 구성된 7자유교과목(seven liberal arts)이 있었는데, 이것을 가리켜 교양교육이라 불렀다. 나아가 종교개혁 이후에 7개의 과목 이외에 신학과 과학이 추가되었으며, 최근에 이르러서는 인문학, 언어, 자연과학, 사회과학의 4가지 영역이 교양교육의 기초를 형성하여 주요 교육과정으로 구성되었다.286)

그렇다면, 이번에는 유대적인 방식의 교양교육에 대해서 알아보도록 하자. 도슨은 유대적인 방식의 교육개념이 적어도 두 가지 정도의 함축적인 의미를 지니고 있다고 설명하였다. 첫째는 히브리전통에서 등장하는 교양교육의 개념으로서, 이는 하나님의 백성으로 하여금 신의 백성답게 살아가도록 하는 교육으로 정의된다는 것이었다. 유대적인 방식에서의 고등교육은 단순히 선지자 내지 종교지도자의 양성과 같은 직업교육적인 맥락만이

---

284) J. Macoubrey Hubbard, "On Liberal Education", *Logos*, vol.4, no.2 (Spring 2001), p.179

285) 같은 논문, p.180.

286) James Mannoia, *Christian Liberal Arts: An Education That Goes Beyond*, pp.12-13, 강희천, "기독교대학과 교양교육", ≪신학논단≫, p.352 재인용.

아니라 하나님의 백성 곧 이스라엘인이나 기독교인을 대상으로 교육하는 교양교육적인 차원도 지니고 있었다.[287] 왜냐하면 이스라엘인이나 기독교인은 모두 하나님의 백성다워야 하는 의무와 책임이 있기 때문이었다.

둘째로 도슨이 설명하고 있는 유대적인 방식은 교양교육의 중심적인 내용을 담고 있는 토라(Torah) 혹은 성서이다. 이 토라는 하나님의 백성인 이스라엘인이 하나님의 백성답게 살기 위한 가르침이 기록되어 있는 것이다.[288] 그런 의미에서 볼 때, 유대적인 방식의 교양교육은 성서를 가르치는 일이 모든 교육의 출발점이자 종착점이었다고 그는 파악하였다. 교리문답에서는 성서가 여러 계열과목 중 최고의 위치를 차지하고 있었고, 성서의 내용을 배제시킨 일반과목의 교수는 의미가 없는 것이었다. 결국 유대적인 전통에서의 교양교육은 이미 하나님의 백성이 된 사람들을 대상으로 하나님의 백성으로서 가져야 할 기본적인 상을 지향하는 일종의 신앙성숙을 위한 종교교육이자, 성서적인 내용을 통해 하나님 백성다운 삶을 교육하는 신앙실천 교육이라는 것이 입증된다.

사실 위의 이 두 방식은 도슨의 설명을 빌리지 않더라도 서구 교양교육의 한 축을 담당하였다. 왜냐하면, 중세에 그리스와 로마적인 방식을 따르는 자유민을 위한 교양교육이 대학을 통해서 도입이 되었으며, 유대적인 교육 또한 성당학교에서 신학과목을 중심으로 이루어졌기 때문이다. 그러나 여기서 고려해야 할 점은 다음부분이다. 즉 중세 후기를 넘어가면서 교육의 목적은 역사적인 상황과 맞물려 변화를 겪는다는 점이다. 중세 11세기 후반부터 시작된 십자군의 원정 이후 경제적, 정치적, 신학적, 사회적, 문화적인 필요들이 다양하게 나타났다는 것이 그것이다. 그리하여 교육은 단순한 교양교육의 영역을 넘어서 직업교육을 포함하는 방향으로 발전하게 되었다는 점이 그것이다. 이제 교양교육과 직업교육이 점진적으로 이원화되기에 이르렀으며, 나아가 교양교육은 직업교육에 종속되게 되었다. 교양

---

287) Dawson, "On the Place of Religious Study in Education", p.38.
288) 같은 논문.

교육은 마치 직업교육을 위한 준비단계요, 신학이나 법학을 연구하기 위한 기초학문의 성격으로 그 의미가 축소되었던 것이다.[289]

그런데 논의의 전개상 한 가지 짚고 넘어가야 할 점은 르네상스기에 접어들어서 교양교육의 개념은 단순히 그리스적인 자유인과 유대적인 신앙인의 종합을 추구하는 기독교교육이 아니라 그리스와 로마시대의 교양교육의 개념을 재발견하려는 방향으로 흐르게 되었다는 점이다.[290] 다시 말해서 그리스, 로마적인 방식만이 주르 관심 있게 다루어지게 되고 유대적인 방식은 사람들의 관심으로부터 점차 멀어지게 되었던 것이다. 그것은 중세의 기독교에서 더 이상의 신의 역할을 거부하고 인간의 자유와 의지를 통해서 인간에 대한 새로운 발견을 성취하고자 하는 르네상스인들의 선택이었기 때문이다.

그 같은 상황 속에서 두 방식은 그들만의 독특한 교양교육을 수행하는 데 전념하도록 추동력을 제공하게 되었다. 그리고 중세 유럽에서는 자연발생적으로 이미 등장하게 된 대학의 발전은 시대인 요청으로 보아야 할 것이다. 도슨은 이들 두 방식이 역사 속에서 기독교 교육과 문화를 형성하면서 조화와 화해의 관계를 중세 동안에는 지속적으로 유지되었다고 평가하였다.[291]

도슨은 교양교육의 방식 가운데 그리스적인 방식은 철학적 전통, 로마적인 방식은 수사학적 전통으로 각기 그 맥을 이어갔다고 보았다. 특히, 그리스적인 방식은 유대적인 방식과 함께 교육에 대한 인간의 본질적 가치를 지향하였으며, 로마적인 방식은 도구적인 가치를 지향하였다고 그는 거듭 설명하였다.[292] 따라서 그는 교양교육의 방식이 수사학적 전통이 아닌 철학적 전통

---

289) 이석우, 『대학의 역사』, 한길사, 1998, p.303.
290) Dawson, "On the Place of Religious Study in Education", *The Christian Scholar*, p.39.
291) 같은 논문.
292) Dawson, "Christian Culture in General Education", *America*, vol.91 (April 16, 1955), pp.63-64. 본질적인 가치의 교양교육은 실제적, 실용적

에 입각하여 인간의 본질적인 가치를 교육하도록 진행시켜야 한다고 주장하였다. 그러나 그의 주장과 달리 실제 서구문명은 르네상스 이후 수사학적인 전통을 그대로 이어받았으며, 교양교육은 인간의 본질적인 가치가 아니라 도구적 가치를 가르치고 강조하는 방향으로 변화되어 갔음을 볼 수 있다.

근대 이후 특히, 1930년 대 듀이를 중심으로 미국의 컬럼비아 대학에서는 실용주의 교육이 시작되었다. 이 교육은 미국과 서구문명이 세속화로 나아가는 데 있어서 촉매역할을 하였다. 이제 서구의 교육은 세속화로 말미암아 고전적인 교육의 전통뿐 아니라 유대적인 전통의 교양교육과는 완전히 단절하게 되었으며, 그것은 결과적으로 문화적인 단절까지 초래하였던 것이다. 도슨의 말대로 이 문화적이 단절은 곧 기독교문화를 연구해야 한다는 당위성을 불러일으킨 것이었다.

(2) 기독교문화 교육

어떤 한 문명이 지속적으로 살아남기 위해서는 그 문명이 가진 교육적인 전통이 유지되어야 한다. 보편적인 교육체계는 널리 인정된 지적인 가치를 유지시킬 뿐 아니라 보편적인 사상의 세계와 지식의 유산들을 후대에 전달함으로써 새로운 문명을 창조하는 역할을 하였다. 그리하여 그 사회의 구성원들은 서로 간의 동질성과 유대의식, 정체성을 자각함으로써 과거에 대한 보편적인 기억들을 서로 공유하게 되는 것이다. 그리하여 그들만의 독특한 공동의 정신과 통일체를 구성하게 되는 것이다. 그렇기 때문에 전통의 연속성에 문제가 생긴다면 문명의 연속성에도 균열이 생기지 않는다고 보장할 수 없는 것이다.

결과와는 직접적인 관련이 없는 교육방식을 지칭하는 것으로 무엇보다 인간이 지닌 숭고한 정신적 활동을 통한 특정행위의 교육으로 규명되며, 도구적 가치는 시민으로서의 기능 수행에 도움이 되는 지식과 능력을 훈련시키는 교육형태이다. John Henry Newman, *The Idea of a University* (Notre Dame, Indiana: University of Notre Dame Press, 1982), pp.77-84.

그런 측면에서 서구문화의 전통은 2500여 년 전 고대 아테네에 그 기원을 두고서 꾸준히 후대에 전수되어 왔다고 볼 수 있다. 아테네의 전승과 유대의 전승이라고 하는 두 방식이 로마의 라틴 수사학자들에 전수되었고, 그리고 이들이 서방의 수도사들에게 전하여졌던 것이다. 이들 수도사들은 또한 중세의 교회에 전달하였고, 이것이 다시 르네상스의 휴머니스트들에게 전달되었던 것이다. 그리하여 이들이 현대의 유럽과 미국의 대학으로 전해졌던 것이다.

서구문화의 교육적 전통이 장구한 역사 속에서도 오늘날까지 꾸준히 전수되어 온 것은 참으로 다행스런 일이다. 그러나 도슨이 문제제기 하는 것은 그런 역사성 자체의 문제만이 아니었다. 그는 오히려 현재의 문명이 완전하고도 철저하게 분열되고, 드 세속화 되었다고 평가하는 것이었다. 그리고 그 이유는 서구문명에서 교육적 전승의 중요한 가치가 제대로 인식되지 못하였거나, 혹은 잘못 전달되었기 때문이라는 그만의 인식인 것이다.293) 그는 과거의 고전교육이 성공할 수 있었던 이유가 문화적인 전승을 철저하게 연구할 수 있었기 때문이라고 말하였다. 그러나 고전적인 전통이 서구문화에 유일한 요소는 아니었다는 것이다. 그는 유대적인 방식으로서 기독교문화의 전승은 훨씬 더 의미 있게 유럽인의 의식 안에 파고들어가 있다는 점을 부각시키고자 하였다. 그래서 그는 종족과 계급, 그리고 국가의 분열과 적대의식을 초월한 사람들의 연합체인 서구 기독교 공동체를 창조해 낸 것은 과학이나 르네상스 휴머니즘이 아니라 기독교의 전승이었다는 점을 강조하고 싶었던 것이다.294)

도슨은 이 기독교의 전승이 현대 교육체계 안에서 무시되고 외면당하였다고 평가하였다. 그것에 대한 이유는 무엇인가? 그리고 그는 왜 그 같은 평가를 내렸을까? 일단 그는 그러한 점에 대한 일차적인 책임이 현대의

---

293) Dawson, *Historic Reality*, p.100.
294) Dawson, "American Education and Christian Culture", *American Benedictine Review*, vol.9(1958), p.13.

역사가들에게 있다고 지적하면서 역사가들은 자국의 정치적, 문화적 전승에만 중요성을 두고 국가 문화의 근간이 되는 보다 폭이 넓은 정신적 공동체의 실재를 무시하여 간과하였다는 점을 지적하였다.295) 물론 이렇게 된 것은 최근에 일어난 것이 아니었다는 것은 자명하다. 도슨은 서구문화의 가치와 업적이 무시됨으로써 파괴된 서구문명의 지성적 통일성을 재건해야 한다고 주장하였다. 그래서 그는 서구문명의 통일성과 정신적인 요소들을 이해하기 위해서는 기독교문화의 전승을 연구해야 하며 이 연구를 통해 현대교육이 요구하는 통일성의 원리를 발견할 것으로 믿었다.

도슨은 기독교문화 연구가 백과사전식의 연구는 결코 아니며 명확하게 한정된 연구 분야를 가진 아주 다루기 쉬운 주제라고 설명하였다. 그리고 낡은 고전 교육의 분야와는 달리 그것은 현대세계 그리고 현대인의 요구와 밀접한 관련을 맺고 있다고 파악하였다.296) 그래서 그는 이제는 기독교세계의 질서가 더 이상 존재하지는 않지만 기독교인들의 숫자가 많기 때문에 모든 기독교인들은 기독교문화 유산을 보존하는 데 그 책임이 전적으로 있다고 말했다.297)

그렇지만 도슨의 주장을 그대로 받아들여 교육을 시행하게 될 때 부딪치는 일차적인 난관은 연구의 대상이 너무나 폭넓고, 기독교 문화가 장구한 역사를 지니고 있기 때문에 실질적인 연구가 어렵다는 것이다. 이에 대해서 그는 기독교문화의 교육이 미국의 대학교에 개설되어 있는 교양과목 '현대문명' 혹은 '세계사'와 같은 새로운 백과사전식 주제들보다는 더욱 명료하고 한정적인 주제라고 자신의 논지를 전개하였다. 그리고 그는 방대한 것들을 범위를 축소하여 교육하는 것은 하등 문제가 되지 않는다고 주장하였다.298)

---

295) Dawson, *Historic Reality*, p.110.
296) 같은 책. p.111.
297) Dawson, "Education and the Crisis of Christian Culture", *The Catholic Mind*, vol.52(April 1954), p.274.
298) Dawson, "Catholic Culture in America", *The Critic*, vol.17, no.6 (Jun-July 1959), p.59.

기독교역사, 철학, 문학, 제도와 같은 과목이 실제로 대학에 개설 되어 있었으나 이러한 분야들이 지금껏 역사, 철학, 문학과 같은 과목으로 연구되어 오지는 않았다. 그렇다면, 유럽문화의 특정한 국면에 대한 연구가 극도의 어려움을 겪어온 이유는 무엇이란 말인가? 그것은 도슨도 인정하듯이 각기의 유형에 대해 통합적인 연구 자체가 결여되어 있었기 때문이다. 그러나 그는 일단 그것이 연구의 가치가 높다고 인정되기만 한다면 이를 대학의 교과 과정에 도입함으로써 큰 성과를 얻을 것으로 기대하였다.299) 그는 그러한 연구를 통해서 기독교의 근원이 되는 고대세계의 문명에 접근할 수 있을 것으로 보았다. 그는 또한 현대세계가 아무리 세속화 되었다 하더라도 여전히 기독교와 유기적인 관계를 맺고 있다는 점에 주목하였다.300)

도슨은 중세를 야만주의로 가득 차 있는 암흑의 시대가 아니라, 오히려 기독교를 통해서 사회적, 문화적인 통일체를 이룩한 시대로 재조명하였다.301) 그는 이러한 기독교문화를 깊이 있게 연구하면 할수록 서구문명이 필연적으로 역사의 연속성을 가지고 있다는 사실과 기독교의 전승이 종교적인 역동성과 풍부함을 지니고 있다는 사실을 명확하게 알 수 있다고 설명하였다.302)

도슨은 물론 그러한 통합적인 연구를 혼자의 힘으로 할 수 없다고 인정하였다. 이 연구는 관련된 여러 분야의 학자들과 전문가들이 협동해야만 가능

---

299) Dawson, "The Study of Christian Culture in the American College", *The Catholic World*, vol.182(1956), p.200.

300) Dawson, *Historic Reality*, p.111.

301) 같은 책, p.112. 도슨은 유럽통합의 기초가 가톨릭교회, 고전전통, 그리고 지적문화를 들고 있다. 이 요소들은 문명의 재료를 형성하는 데 영향을 준다고 보았다. 이 요소들이 흔히 암흑시대라고 하는 시기에 형성된 것으로서 유럽의 문화가 배태되었다는 것이다. 그래서 도슨은 암흑시대가 유럽문명사에서 가장 창조적인 시기였다고 평가하였다. Christopher Dawson, *The Making of Europe: An Introduction to the History of Europe Unity*(New York: Meridian Books, 1956), p.15-16 참조.

302) 같은 책.

한 일인 것이었다. 그리고 이 같은 점은 고전교육에 있어서도 그대로 적용이 될 수 있다. 고전교육은 옥스퍼드대학에서 상당히 오랜 동안 연구된 인문학과는 달리 아주 광범위하게 연구되어 왔다. 그 연구의 대상은 호메로스로부터 안토니우스 시대에 이르는 고대세계의 문화적 발전이기도 하였다. 또한 고대 문학은 물론 역사와 철학까지도 철저하게 연구되었던 것이다.[303]

도슨은 기독교문화를 통합적으로 연구하는 작업이 그리 어렵지는 않다고 설명하였다. 그는 기독교문화를 통합적으로 연구하기 위해서는 신학은 물론 기독교철학, 역사, 문학을 밀접하게 상호 연관시켜 연구함으로써 가능하다고 보았던 것이다. 그는 그 연구의 분야를 세 시대로 분류하였다. 첫째는 형성의 시대로 그리스의 호메로스의 시대(Homeric Age, B. C. 1200-800)와 기독교문화의 교부시대, 두 번째는 고전적인 시대로 기원전 5-4세기와 서기 12-13세기, 그리고 세 번째는 이동과 혼란의 시대로 고대 로마, 헬레니즘 시대와 서유럽의 문학과 민족문화의 형성기이다.[304]

도슨은 또한 기독교문화의 발전과정을 이해하기 위한 세 가지 중요한 단계들을 소개하였다. 즉, 고대의 교부 시대, 중세의 스콜라주의 시대, 근대의 인문주의 시대, 그리고 고대 비잔틴 시대, 중세 고딕시대, 근대 바로크시대가 바로 그러하다.[305] 그는 자신의 또 다른 논문에서 이 각 단계들을 다시 두 단계로 세분화하여 총 6단계로 나누어 설명하였다.[306]

---

303) Philip Gleason, "A Practical Experiment in Education: The Study of Christian Culture as the Core of the College Curriculum", *The Chesterton Review*, vol.9, no.2(May 1983), p.169.
304) Dawson, "The Study of Christian Culture as a Means of Education", p.184.
305) Dawson, "Civilization in Crisis", *The Catholic World*, vol.182 (January 1956), p.53.
306) Dawson, "The Six Ages of the Church", In *Historic Reality*, pp.47-59. 도슨은 역사 속에서 각 단계들이 시대마다 독특한 특성을 지니고 있으며, 첫 단계를 제외하고 다섯 단계는 서로 성장과 몰락의 과정을 거쳤다고 설명하였다. 각 단계들을 요약하면 다음과 같다. ① 원시기독교(1-4세기) - 그리스, 로마문명 속에서 기독교의 확장시기, ② 교부시대(4-6세기) - 비잔틴문화

19세기에 가톨릭 부흥운동을 일으킨 사람들은 기독교문화의 중세적인 단면만을 보고 기독교문화를 중세문화와 동일시하기도 하였다. 그래서 도슨은 중세주의자라는 비난을 면할 수 없었다. 그러나 이에 대해서 도슨은 기독교문화의 전형적인 특성들이 중세시대에 나타나는 것이 사실이지만, 기독교문화는 중세 이전에도 이미 존재하였기 때문에 중세와 기독교문화를 일치시킬 수 없다는 반론을 제기하였다.[307]

그는 중세라고 하는 과거 시점으로는 되돌아갈 수 없지만, 중세에 두드러진 특징인 서구문화의 정신적인 전승을 재확립해야 한다고 역설하였다.[308] 그의 그러한 주장은 그가 중세주의자라는 비난과 오해를 겸하여 받게 된 이유이기도 하다. 어쨌든 도슨의 주장을 현실화할 수 있는 방법은 무엇인가? 그의 의도대로 기존의 정치적인 시도들은 모두 실패를 거듭하였다. 그는 기독교교육을 통해서 가능하다는 자신의 가설을 상정하였다.[309] 그리고 이 기독교교육은 고등교육 기관인 대학을 통해서 이루어져야 한다고 역설하였다. 도슨은 이 교육이 반드시 총체적인 연구와 더불어 개별적인 연구가 병행되어야 한다는 점 또한 강조하였다. 그의 주장에 결정적인 영향을 미친 곳은 그가 재직하고 있었던 미국이었다.

그리하여 미국에서는 기독교문화 연구가 단과대학과 종합대학, 특히 가톨릭대학을 중심으로 한 소수의 고등교육 기관에 도입되었던 것이다.

나 로마제국을 통해 기독교의 확립시기, ③ 서구기독교세계의 형성시대(6-11세기)-북유럽의 개종과 더불어 도슨은 기독교문화의 原型이라고 불렀다. ④ 중세 기독교세계(11-15세기)-기독교와 문화의 완전한 절정기, ⑤ 기독교세계의 분열(16-18세기)-기독교세계 내에서 종교적, 정치적인 전쟁과 신세계, ⑥ 세속화된 기독교세계(18-20세기)-혁명운동으로 인해 기독교문화의 틀이 와해.

307) Dawson, "Education and Christian Culture", *The Catholic Mind*, vol.52, no.1096(April 1954), p.195.

308) Mason Wade, "A Catholic Spengler", *The Commonweal*, vol.22 (October 18, 1935), p.606참조.

309) Frederick D. Wilhelmsen, "Vision of Christopher Dawson", *The Commonweal*, vol.87(January 3, 1958), p.358.

1956년 가을 인디아나의 노틀담 대학교(University of Notre Dame)의 세인트 메리 칼리지(St. Mary College)에서는 슐레진저(Bruno Schle-singer)의 주도로 도슨의 기독교문화 연구에 관한 교과과정이 시행되기에 이르렀다. 이 교과과정은 기독교의 역동적인 역할 특히, 기독교가 서구문화의 제도와 가치를 형성할 수 있게 한 순기능들을 교육함으로써 기독교의 역사적 의미와 역할 등을 새롭게 평가하고 발견하는 과정이었다.310) 초기의 교과과정은 선택과목으로서 주로 3, 4학년생을 대상으로 개설되었다.

a. 멀로이(John J. Mulloy)의 교과과정

도슨의 평생 친구인 멀로이는 도슨이 제시한 기독교 문화연구를 실제적으로 칼리지와 대학교에 적용할 수 있도록 학년과 개인의 능력에 따라서 교과과정을 다섯 단계의 수준별로 나누어 제시하였다. 그것은 다음과 같다. 첫째, 대학원 과정, 둘째, 3, 4학년의 상급과정, 셋째, 1, 2학년 교양 필수의 중급과정, 넷째, 1, 2학년 초급과정, 그리고 마지막 다섯째, 우등 교과과정이 바로 그러하다.311)

그렇다면 도슨의 설명과 주장대로 실제로 각 대학에서 이들 다섯 단계의 수준으로 교육을 하는 것이 가능한 일일까? 멀로이는 도슨의 의견에 전적으로 찬성 하면서, 그는 이러한 점에 대해 각 대학마다 처해 있는 환경과 교육여건에 따라서 융통성 있게 적용할 수 있다는 다소 긍정적이면서도 애매한 제안을 하였다. 그는 이러한 교과과정이 나중에는 정형화되고 구체화된 교육과정으로 발전할 수 있는 근간이 될 것으로 확신하였던 것으로 보인다. 그리고 멀로이는 이들 교과과정이 도슨이 지난 30여 년 동안 저술한 여러 권의 저서에 나타난 그의 기본 사상, 즉 기독교와 문화의 관

---

310) John P. Gleason, "A Program of Christian culture", In *The Crisis of Western Education*, p.192.

311) John Mulloy, "Specific Programs for the Study of Christian Culture", In *The Crisis of the Western Education*, 1961, p.167. 멀로이는 이 같은 5 단계의 구분은 이미 미국의 단과대학과 종합대학에 널리 적용되고 있는 교양과목 프로그램이라고 전제하였다.

계가 포함되어 있다고 설명하였던 것이다.[312]

　멀로이가 제시한 5단계 수준에 따른 기독교문화 연구의 교과과정과 그 내용들을 좀 더 세부적으로 검토해 보도록 하자. 이를 도표로 만들면 다음과 같이 나열된다.

<수준별 교과과정>[313]

수 준	교 과 과 정	비고
대학원 과정	기독교문화의 신학적 기초/계시의 역사적 전개/기독교 사회조직/기독교 사상연구/기독교와 비교문화/기독교와 개방사회/기독교와 교회-국가관계/기독교 선교의 확장/개신교 교단과 문화영향/예언과 문화변화/기독교와 서구 과학의 발전/기독교와 세계사의 개념들/문학과 기독교세계의 문화/기독교문화의 6시대/에큐메니컬 운동과 교리의 발전/기독교 통합문제/	
3-4학년 상급과정	기독교와 문화Ⅰ/기독교와 문화Ⅱ/기독교와 문화Ⅲ/기독교와 문화Ⅳ/콜로키움Ⅰ/콜로키움Ⅱ/콜로키움Ⅲ/콜로키움Ⅳ/초기 기독교 교부들/기독교철학사/교회, 국가와 사회/기독교와 미국문화/	
1-2학년 중급과정	신학과정: 이스라엘과 성서/복음과 왕국/사도의 교회/禮拜와 聖史/ 문 화 사: 기독교와 고대세계/기독교와 중세/기독교와 근대 문학(2학년): 문학과 근대문화/	
1-2학년 초급과정	1학년: 이스라엘과 성서/복음과 왕국 2학년: 사도의 교회/禮拜와 基督敎神秘主義 문화사: 고대세계와 기독교문화의 등장/비잔틴문화와 교부시대/서구 기득교세계의 형성/중세기독교 세계와 고딕문화/기독교세계의 분열과 서구문화의 확산/세속 기독교세계와 혁명의 시대	
우등 교과과정	그리스의 종교사상과 초대기독교/과학사의 국면들/철학적 경험의 통합/기독교와 르네상스/정신 가치와 대중문화/심리학과 비교문화/오리엔트의 종교문화들	

---

312) 같은 논문, p.168.

이들 도표에 나타난 각 수준과 교과과정에 대한 보충설명 또한 다음과 같이 전개될 수 있다. 1) 대학원 과정은 학부를 졸업한 학생이 한 단계 발전하여 전문화된 과정의 연구를 할 수 있도록 짜 맞추어져 있으며 학위는 문학, 역사, 철학 등의 인문학을 포함하여 신학, 사회과학 분야의 석사와 박사학위를 취득할 수 있었다. 대학원 과정은 또한 이 분야에 연구하는 대학원생들이 기독교문화 연구에 필요한 부전공도 함께 이수하도록 권장하고 있었다.314)

2) 3-4학년의 상급과정은 전공 및 심화과정을 주로 다루도록 되어 있으며, 전공과목과 더불어 역사, 외국어, 교육학, 사회학, 철학을 공부하는 등 복수전공을 권장하고 있다. 실제로 노트르담 대학에서는 5년 동안 이 교과과정을 성공적으로 수행하였다.315) 기독교와 문화(4학기), 콜로키움(4학기)은 핵심과정이며, 나머지는 선택과목으로 구성되어 있다.316) 3) 1-2학년 중급 과정은 전공공부를 하기에 앞서서 반드시 이수해야만 하는 교양과정으로서 미국의 컬럼비아 대학에 개설되어 있는 『현대문명사』, 미국의 일반 칼리지와 종합대학에 개설되어 있는 『서구의 문화유산』과목과 비슷하다. 기독교문화의 연구를 위해서 1학년 때 수강하는 문화사 과목을 이수하려면 4학기가 걸리고, 역사학과에서는 리포트발표를 주관하였다.

물론 문학, 외국어, 고전학, 예술, 음악 등을 전공하는 학생들도 특별강좌와 자문을 통해서 프레젠테이션을 할 수 있도록 마련되어 있다. 도슨이 제시한 기독교문화의 6시기에 관한 발표는 4학기 이내에 이루어져야 하기 때문에 그 외의 시기는 짧은 시간 내에 하도록 되어 있다.317) 기독교와 고대세계는 1학기에, 그리고 기독교와 중세는 2학기에 마칠 수 있으며,

---

313) 같은 논문, pp.168-191 참조.
314) 같은 논문, p.168.
315) Philip Gleason, "Christopher Dawson and the Study of Christian Culture", *Chesterton Review*, p.170.
316) Mulloy, "Specific Programs", pp.172-173.
317) 같은 논문, p.175.

기타의 과목은 수강생이 원하는 대에 적절하게 끝마칠 수 있도록 개설되었다.

2학년 때는 문화사를 수강하고 2학기엔 영문학을 수강하도록 되어 있다. 이 과목 역시 문학과 역사를 함께 공부함으로써 기독교문화의 연구와 이해에 도움을 주게 된다고 설명하고 있다. 이 과정은 사회학, 문학, 외국어, 고전학, 예술, 음악 등의 학과에 진학하고자 하는 학생들에게 더욱 유용한 것으로 되어 있다.318)

4) 1-2학년 초급과정은 도슨이 제안하고 있는 기독교문화의 6시기의 각 단계를 한 학기에 끝마치고, 동시에 구약성서와 신약성서에 나타난 기독교 전통의 역사적 뿌리들을 탐구할 수 있도록 개설되었다. 따라서 1학년은 1-2학년 교양과정과 더불어 성서과목들을 이수하도록 권장하였다. 2학년은 기독교문화의 6시기 가운데 특별한 시기를 수강하고 나서 사도교회와 예배, 그리고 기독교 신비주의를 수강하도록 되어 있다.319) 5) 우등교과과정은 1학년 때부터 수강할 수 있으며, 4학년 졸업 시 세미나 과정을 수강하면 에세이를 제출해야 한다. 1학년은 문화사 과목을, 2학년은 1-2학년 교양과정과 더불어 기독교와 고대, 중세, 근대의 문화 사이의 상호작용을 공부하도록 되어 있다. 3학년은 2-3과목을 수강하며, 심도 있는 내용들을 접하게 되는 것으로 설명되었다.320)

b. 세인트 메리 칼리지(St. Mary College) 교과과정

슐레진저(Bruno Schlesinger) 박사는 도슨이 제안한 기독교문화 교육 과목을 1956년 가을 노트르담 대학교의 세인트 메리 칼리지에 직접 개설하였다. 멀로이가 교과목을 미국의 대학 교양과목과 비슷하게 견주어 제시해 주었다면 글리슨은 이를 직접 적용하였던 것이다. 먼저 글리슨이 개설한 과목은 멀로이가 제안한 5단계의 수준별로 나누어 개설된 것이 아니라 3, 4학년들을 중심으로 구성되었으며, 주로 선택과목으로 채택되었

---

318) 같은 논문, pp.175-177.
319) 같은 논문, pp.184-185.
320) 같은 논문, pp.188-189.

다. 대개 보통 기독교문화 수강생들은 2년 동안 기본 과목으로서 종교, 철학, 문학, 그리고 역사과목을 이미 공부한 학생들로 구성되었다. 그래서 기독교문화 과목은 해당 대학의 교육목표나 제도권의 의도와는 별개의 독립된 과목으로 개설되었고, 한 학기에 약 28시간이 배정되었다. 그리고 중복수강은 거의 허용되지 않았다.[321]

이 글에서 설명하고 있는 교과과정은 도슨이 제안한 역사적이고, 사회학적인 방식이 그대로 도입되었으며 제도의 연구와 사상적 흐름이 특히 강조되었다. 이는 방대하고도 복잡한 주제를 망라하는 백과사전식 지식은 탈피하고 핵심적인 시기를 선택하여 집중적인 연구를 하였던 것이다. 또한 서구문화 발전의 원동력이 된 기독교와 여타 요소들의 상호작용을 탐구하도록 하였고, 서구세계를 구성하고 있는 개별 민족들의 주체적이고 독립된 역사가 아니라 논란의 소지를 않은 채 전체를 아우를 수 있는 공통적인 요소와 원리들을 주로 연구하도록 되어 있었다.[322]

글리슨은 도슨이 제안한 교과과정을 잘 설명하고 있는 데 이를 도표로 나타내면 아래와 같다.

학 년	과 목	콜 로 키 움
3학년	유럽의 형성	고백록 / 신국론 / 베네딕트 규칙서 / 비드의 교회사 / 롤랑의 노래
	중세 기독교세계	성 루이의 생애 / 단테의 시 / 랭랜드 / 초서의 작품
4학년	종교분열의 시기 혁명과 세계대전의 시기	유럽인의 정신 / 유토피아 / 팡세
	기독교와 미국문화	키에르케고르의 공포와 전율 / 엘리엇의 시

---

321) John P. Gleason, "A Program of Christian Culture", *Religious Education*(July-August 1960), p.193; "The Study of Christian Culture: A New Approach to General Education", *The Educational Record*, vol.40(April 1959), p.156.
322) Gleason, "A Program of Christian Culture", p.258.

3학년 학생은 『유럽의 형성(The Making of Europe)』이라는 과목을 수강하도록 되어 있고, 도슨이 저술한 『유럽의 형성』, 『종교와 서구문화의 대두』, 그리고 서던(Southern)의 『중세의 형성』이라는 책들을 읽도록 권장하고 있었다.323) 첫 학기는 동양과 서양에서 기독교문화의 형성기에서부터 11세기까지가 주된 틀로 다루어졌다. 4학기의 콜로키움이 4시기별로 나누어서 또한 진행되었다. 그리하여 예술, 문학, 종교시, 그리고 사회사상에 영향을 준 기독교문명의 업적들을 접하도록 되어 있었다.

그 가운데 아우구스티누스의 『고백록(The Confessions)』과 『신국론(The City of God)』, 그리고 『베네딕트 규칙서(The Rule of Benedict)』, 비드(Bede)의 『교회사(Ecclesiastical History)』, 그리고 『롤랑의 노래(The Song of Roland)』가 1학기에 수강할 수 있도록 채택되었다. 한 사람의 전문 교수가 콜로키움을 이끌어 가도록 되어 있고, 교과목을 담당하는 학장이 직접 수업에 참석하여 진행되고 있는 수업의 분위기와 상태를 점검하도록 되어 있었다. 콜로키움은 역사적인 시대의 흐름과 밀접한 관계가 있기 때문에 학생들이 토론을 통해 저작들에 대해 이해의 폭을 넓히게 되고 개별적인 문화의 환경이 아니라 역사적인 맥락을 파악하게 되었던 것이다.324)

3학년 2학기가 되어서는 『중세 기독교세계(Medieval Christendom)』 과목이 개설되어 기독교문화의 성숙기에 대해서 배우도록 되어 있었다. 그리고 『新時代의 黎明』을 읽도록 권장하였고, 『성 루이의 생애』와 로마네스크와 고딕예술은 물론 단테(Dante)의 시, 랭랜드(Langland), 초서(Chaucer)의 작품들이 콜로키움 자료로도 활용되었다.325)

4학년 때는 15세기부터 현재에 이르기까지 서구문명의 발전과정을 다룬 두 개의 강좌인 『종교분열의 시기(The Age of Religious Division)』와

---

323) 같은 논문.
324) 같은 논문, p.259.
325) 같은 논문.

『혁명과 세계대전의 시기(The Age of Revolutions and World Wars)』를 접하게 되었다. 학생들은 또한 해저드(Hazard)의 『유럽인의 정신(The European Mind)』을 읽도록 되어 있고, 콜로키움은 토머스 모어(Thomas More)의 『유토피아(Utopia)』, 파스칼(Pascal)의 『팡세(Pensée)』등이 1학기에 진행되고, 2학기에는 키에르케고르(Kierkegaard)의 『공포와 전율(Fear and Trembling)』, 엘리엇(T. S. Eliot)의 시 등을 접하도록 되어 있었다.[326]

글리슨은 메리 칼리지의 이러한 교과목의 목적은 중세기를 통해서 기독교문화의 성장과 르네상스 이후 쇠퇴와 분열을 연구함으로써 현재의 문제점들을 예리하게 파악하는 데 있다고 설명하였다.[327] 따라서 기독교문화 프로그램은 또한 근대의 세계를 형성하게 된 동인이 무엇인지 그리고 그 역사적인 요인들을 천착함으로써 깊이를 더해 가도록 하였다. 또한 그 프로그램은 4학기 동안 특히, 서구의 중요한 발전과정을 다룰 뿐 아니라 콜로키움 첫 학기에는 초기의 기독교 저술가들 즉, 터툴리아누스(Tertullian), 오리게누스(Origen), 아타나시우스(Athanasius), 그리고 성 제롬(St. Jerome) 등도 체계적으로 소개하고 있다. 2학기에는 중세 기독교세계와 더불어 중세 철학과정이 특별하게 다루어졌다.[328]

4학년의 마지막 학기에는 『기독교와 미국문화(Christianity and American Culture)』과목이 개설되었다. 이 과목은 전통의 발전과 더불어 종교적인 영향력과 여타 요소들의 상호작용에 대해 고찰하도록 되어 있다. 이 과정은 미국의 역사, 청교도주의의 연구, 그리고 기독교 복음주의의 영향, 벤저민 프랭클린(Benjamin Franklin, 1706-1790)과 미국의 계몽주의, 초월주의, 그리고 산업사회와 교회의 역할 등을 다루고 있다.[329]

---

326) 같은 논문, p.195, p.156.
327) Gleason, "The Study of Christian Culture", p.156.
328) Gleason, "A Program of Christian Culture", p.196.
329) 같은 논문.

그리하여 글리슨은 학생들이 기독교문화 과목을 수강함으로써 그들에게 다양한 경험을 쌓게 하여 서구와 미국에 끼친 기독교문화의 영향력이 어떠했으며, 그리고 미국적 상황을 이해하고 체득하도록 고양시키는 데 있다고 설명하였다.330)

위와 같은 도슨의 교육 프로그램은 당시에 주변의 대학과 기관들에 서서히 영향을 주기 시작하였다. 특히, 세인트 메리 칼리지의 영향으로 인디아나 주에 위치해 있는 인디아나폴리스의 릴리 인다우먼트(Lilly Endowment of Indianapolis)가 도슨의 교육 프로그램에 관심을 가지게 되었다. 그리하여 메리 칼리지의 학자들이 이 교육에 함께 참여하기에 이르렀다. 1957-8년 퍼거슨(Francis Fergusson), 루이스(Ewart Lewis), 스턴(Karl Stern)교수들은 단테, 중세 정치사상, 그리고 종교적인 심리요법에 관한 강의를 그곳에서 하였다.331) 그리고 1960년 4월에 그 곳에서 기독교문화 심포지움이 개최되기도 하였다. 도슨(Christopher Dawson), 버크(Vernon Bourke), 엘리아데(Mircea Eliade), 스튜어트(Randall Stewart) 그리고 테일러(Hugh Taylor) 등이 참석하여 "역사와 순환적 시간관", "과학과 종교"를 주제로 토론이 진행되기도 하였다.332)

도슨의 교육 프로그램에 대허서 글리슨의 평가는 애매하기는 하지만 주목할 가치가 있다. 우선 그는 게리 칼리지에서 기독교문화 강좌를 개설한 것은 해당 교과과정이 너무나 단순하기 때문에 처음에는 큰 효과를 볼 수 없었던 것으로 보았다. 그렇지만, 점차 이 교육시스템이 학생들에게 인기를 끌기 시작하였고, 기독교문화에 대한 관심이 점차 늘어가자 그는 나중에 가서는 도슨의 기독교문화 교육 프로그램이 성공적이었다는 잠정적인 결론을 내렸다. 글리슨은 다음의 몇 가지 사실에서 주목하여 그러한 평가를 하였던 것이다. 첫째, 그 교과과정은 우수한 학생들에게 흥미를 이끌어

---

330) 같은 논문.
331) Gleason, "Study of Christian Culture", p.157.
332) Gleason, "A Program of Christian Culture", p.196.

냈다는 것이었다. 그는 그 과목을 수강한 졸업반 학생들의 절반이 우등생
이라는 점에 주목하였다. 그리고 이들 학생들은 그 과목의 수강을 통해서
서구문명에 대한 깊이 있는 지식을 얻었을 뿐 아니라 기독교가 문명을 발
전시키는 중요한 요인이었다는 점을 자각하게 되었다는 것이다.[333) 둘째,
글리슨은 학생들이 그 과목을 수강함으로써 자신들의 전공을 이수해 나가
는 데 필요한 기본적인 소양과 지식을 얻을 수 있었다는 점을 들었다.[334)

그러나 글리슨의 이러한 두 가지의 평가는 검증될 수 있거나 객관적인
타당성과 설득력을 지니는 것이 아니라 주관적인 분석에 불과하다는 것을
볼 수 있다. 글리슨 자신이 설명한 두 가지 내용이 이를 그대로 반증하는
결과를 내비치고 있기도 하다. 게다가 실제로 도슨의 프로그램이 대학 내
에서 성공적으로 적용되었는지 그 결과를 분명히 알 수 있는 자료들이 전
무한 상태이다. 그리고 평가의 기준으로서 특정 대학에 개설된 강좌 하나
만을 놓고 볼 수는 없는 일이다. 왜냐하면 세인트 메리 칼리지가 수녀들을
위한 특수 목적의 소규모의 칼리지에 불과하여 미국을 대표하는 대학이라
고 보기 어려울 뿐 아니라 학생들도 미국의 일반 대학생과는 다른 특정한
소수, 특 수녀들이 그중 다수를 이루었기 때문이다. 그렇기 때문에 객관성
이 무척 결여되어 있다고 볼 수 있다. 그래서 글리슨 자신도 인정하듯이
이것은 어디까지나 실험적이라는 전제를 달았던 것이다. 그는 도슨의 제안
이 완전히 불가능하지도 않으며, 실제적이지 않은 것도 아니라는 다소 모
호한 결론을 내렸던 것이다.[335)

당시 도슨의 교육 프로그램의 긍정적인 영향력에도 불구하고 이것에 대
한 구체적인 평가와 분석은 역시 소수의 가톨릭 교육자들에게만 간간이 있
었으며, 아직 일반대학의 전문 학자들 사이에서 있지는 않았다. 그리하여
그의 교육 프로그램이 가톨릭대학을 중심으로 약간의 파장을 일으켰을 뿐

---

333) 같은 논문.
334) 같은 논문.
335) 같은 논문. p.197.

일반 대학을 중심으로는 큰 주독을 끌지는 못하였다.

위와 같은 그러한 평가에도 불구하고 도슨이 기독교문화 연구를 대학에 도입하여 대학생들에게 그의 이론과 사상을 전수시켜 의식의 전환을 가져오도록 하고, 그렇게 함으로써 서구의 세속화된 문명을 회복하고자 하는 그의 의도와 중대성, 그리고 설득력 있는 논지와 타당성에 대한 연구는 여전히 필요하다. 왜냐하면, 그러한 작업이 아직까지 학계에서 진행된 적이 없기 때문이다. 그 이유는 다양할 수 있겠으나, 무엇보다 무관심이 컸다라고 말할 수 있을 것이다.

어쨌든 도슨의 기독교문화 교육 프로그램의 제안에 대한 다양한 평가가 있을 수 있겠으나, 실제적으로 남아 있는 문제는 여전히 산적해 있다. 다음 이것에 대한 검토를 해보도록 하자.

4. 실제적인 문제점들

지금까지 도슨의 기독교문화 교육 프로그램의 내용을 멀로이와 글리슨의 커리큘럼을 통해서 알아보았다. 그들의 의미 있는 주장들에도 불구하고 당시 교육 개혁가들의 의견들은 비판적인 내용을 띠면서 다양하게 개진되었다. 우선 도슨의 교육 프로그램에 대한 비판론자들의 의견은 다음과 같이 압축된다. 첫째, 도슨의 교과과정은 모호하고 비실용적이라는 점이다. 둘째는 도슨의 교육 프로그램은 이미 기존의 대학에서 문학, 역사, 철학, 신학 분야에서 강의가 되고 있기 때문에 중복적인 성격을 띠고 있다. 따라서 기독교문화가 문명의 통합 요소로서의 기능을 하기는 어렵다는 점이다. 셋째, 당시의 공리주의적인 교육이 팽배한 미국적 상황에서는 가톨릭 대학에서조차도 도슨의 기독교문화 과목은 수용하기 어렵다는 것이 바로 그것이다.336)

그러나 위의 비판들은 도슨의 프로그램 자체에 대한 의도와 목적에 대한 제대로 된 분석과 평가를 바탕으로 된 것이 아니었음을 볼 수 있다. 그리고 그들은 도슨이 초기에 종교와 문화의 제관계에 연구에 몰두하였다가 문화에 내재하는 종교의 역할을 직시하게 된 이유, 그리고 종교가 서구 유럽문명의 중요한 영향을 끼쳤다는 주장에 대한 우선적인 논의조차 이루어지지 않았다. 왜냐하면, 그러한 논의가 먼저 되어야만 도슨의 교육사상에 대한 이해의 단초를 잡을 수 있기 때문이다. 게다가 도슨이 기독교문화 교육 프로그램을 대학에서 교육해야 한다고 주장하게 된 배경과 요인들, 서구문명에 당면한 위기에 대한 도슨의 평가와 서구의 세속화, 그리고 근대교육의 문제점에 대한 도슨의 평가에 대한 인식조차 있지 않았다. 그들은 기존 제도권 내지는 기득권층의 입장에서만 도슨의 견해를 무시하거나 일방적인 설명만을 시도하였을 뿐이다. 어떻게 보면 미국에서 존 듀이의 실용주의 노선이 국가적인 주도이념이자 시대적인 사명으로까지 받아들여졌기 때문에 도슨의 견해는 그야말로 이교사상으로 보일 수밖에 없었던 것은 일견 당연해 보인다.

사실 그들의 입장에서 볼 때 기존의 대학들이 가르쳤던 과목들과 도슨이 제안하는 과목들이 중복된 점이 있는 것이 사실이지만, 중복이라고 하는 나타난 현상보다도 도슨이 시도하고자 한 교육적인 가치와 목표를 제대로 인식하고 분석하는 작업이 선행 되었어야 했다. 그리고 그들은 그러한 작업을 하고 난 후에 중복을 피할 수 있는 방법을 모색하고 연구했어야

---

336) Helene Magaret, "Barriers to the Organic Curriculum", *America*, vol.91(September 4, 1954), p.542; Joseph H. McMahon, "Christian Culture", *The Commonweal*, vol.61(January 7, 1955), p.382; James M. Campbell, "The Dawson Challenge: A Discussion", *America*, vol.93, no.3(April 16, 1955), p.70; Robert C. Hartnett, "The Dawson Challenge: A Discussion", *America*, vol.93, no.3(April 16, 1955), pp.74-76; W. F. Cunningham, "Christian Culture in General Education", *America*, vol.93, no.3(April 16, 1955), pp.64-65.

했다. 그러나 그 같은 선행 작업은 역시 진행되지도 않았다. 외형적으로 보이는 커리큘럼이 비슷할 수도, 같을 수 있지만, 그렇다고 하더라도 그 내용과 의도, 목적하는 바가 다를 수 있고, 접근의 방식에 따라 결과 또한 다르게 도출될 수 있는 것이었다. 기독교문화 회복과 유럽의 회복, 그리고 교육의 본질적 가치의 재설정이라는 도슨의 교육목표가 기존의 대학들의 목표와 어떤 차이가 있는지 비교 하였었다면 도슨 비판론자들은 전혀 다른 주장을 전개했을지도 모를 일이다. 교육가들이 표방한 비판적인 논의들은 도슨의 교과과정 자체에 대한 평가를 제대로 하지 못했다는 걸 단적으로 보여주는 사례인 것이다.

그렇기 때문에 교과과정 자체에 대한 보다 밀도 있는 분석이 필요한데, 이것은 기존의 논의들에서는 충분히 설명되지 못한 부분이기도 하다. 따라서 본 연구의 가치와 독창성을 고양시킬 수 있는 과정이 될 수 있을 것으로 생각된다. 따라서 연구의 진행을 위해서 멀로이와 글리슨이 제시한 기독교문화의 교과과정을 도식을 만들어 보았다. 멀로이가 설명하고 있는 수준별로 나눈 5개의 등급, 그리고 그에 따른 교과과정의 과목들이 균형 있게 배치되었는지 살펴보고자 한다.337) 멀로이는 5개의 수준별 등급이 기존 미국의 대학들에서도 동일하게 제시되는 것이라고 설명은 하였다. 그러나 각기의 등급을 나누는 기준이 애매할 뿐 아니라 지나칠 정도로 자의적인 구분이 있음을 볼 수 있다. 물론 학년의 구분은 자연스럽게 이해와 설명이 되어 설득력을 지니고 있지만, 1-2학년 초급과정이라든지 우등 교과과정의 기준과 정의 또한 도호한 측면이 있다. 그리고 그 과목들을 수강신청 하는 방식, 우수한 학생의 기준은 무엇인지, 수업과 시험은 어떻게 진행되는지 등 이러한 부분에 대해서는 설명이 전혀 없다.

두 번째로는 각기의 과독들과 콜로키움에 대한 분석이다. 교과목과 콜로키움의 과정들이 전반적으로 산만하게 나열식으로 제시되어 있다. 게다

---

337) John Mulloy, "Specific Programs", pp.168-191 참조.

가 학년에 따른 학습자의 수준이 역시 제대로 고려되지 않았다. 글리슨은 기독교문화 연구가 3, 4학년에 이루어져야 하며, 1, 2학년 때 이미 문학, 역사, 철학, 신학을 공부한 학생이 수강해야 한다고 설명하였다. 그러나 그렇게 구분한 구체적인 이유가 제시되고 있지도 않았다. 물론 교과과목은 시대 순으로 나열이 되어 있었기 때문에 어느 정도 수긍이 될 수 있는 측면이 있다. 하지만 콜로키움의 각기 세부 과목들을 살펴보면 이 또한 그 같은 선정을 한 기준이 분명하지 않다. 학년과 교과목, 그리고 콜로키움들이 서로 연계되어 있지도 못하고, 짜임새 있는 구성을 갖추고 있지 않고 다만 나열만 되어 있을 뿐이다.

세 번째는 하트닛의 주장대로 교과목의 중복에 관한 것인데, 기존의 가톨릭대학들이 교양과목으로 가르치는 과목들과 도슨이 제안한 교과목과의 충돌현상이 그것이다. 가톨릭대학에서의 이러한 현상이 있다면, 이를 일반대학에 적용했다면 중복되지 않았을 것이다. 도슨도 자신의 프로그램을 가톨릭 혹은 기독교대학에 적용하기보다는 모든 대학들에 적용하는 것을 목표로 삼은 것이니까 적용의 대상범위를 확대한다면 중복의 문제는 자연스럽게 해결되었을 것이다. 그러나 이러한 실천적인 작업은 또한 어려운 일이었다. 일반대학들의 경우 특정 종교에 대해 배타적이겠지만, 각 학교마다 교육의 이상과 목표는 제각기 다르기 때문에 이를 교양과목으로서 받아들이는 일 자체는 실현 불가능하다는 것이 당연해 보인다.

도슨이 제안하는 교육 프로그램은 그것이 포함하는 세부적인 문제점들에도 불구하고 그것을 긍정적으로 받아들여지게 하는 면들이 또한 상호 공종하고 있다. 첫째, 그가 서구 유럽의 당면한 문제를 진단하면서, 교육을 통해 종교와 문화를 통합하고자 하였다는 것은 견해의 차이를 떠나 그의 통찰력과 기지를 엿볼 수 있다. 그것은 그의 논증을 인정하든 그렇지 않든 충분히 논리적인 설득력을 지니고 있다고 본다. 둘째는 종교개혁이 서구의 세속화를 가속시켰다는 도슨의 평가이다. 그가 가톨릭 신자의 입장에서 종교개혁은 당연히 부정적이고 비판적이었다. 통합된 중세 유럽에 분열을 가져오는 계기가 되었으니 말이다. 그러나 그는 가톨릭과 프로테스탄트 양측 모두로부터 인정을 받지 못했다. 왜냐하면 가톨릭 입장에서 보면 그는 반성직주의를 부르짖었고, 프로테스탄트 입장에서 보면 당연히 가톨릭 신자로서 종교개혁을 비판했으니 말이다. 그는 결국 어느 쪽에도 만족을 주지는 못하였다.

셋째는 도슨이 기존의 근대적인 교육방식에 비판을 가함으로써 제동을 걸었다는 점이다. 근대의 교육은 20세기에 와서 공리주의와 기능주의에 입각하여 교육이 이루어졌는데, 이에 대한 반성과 성찰을 촉구한 점이었다. 유대적인 교육방식은 일선 기독교대학들에서만 적용되었다. 그리하여 일반대학과 기독교대학에서 서로 다른 방식으로 교육이 이루어졌는데 도슨이 통합하도록 주장한 것은 교육적 이상에 부합하였다고 생각된다.

넷째는 도슨의 교육 프로그램이 수용되지 않았지만 기존의 대학들이 교양과목에 대한 커리큘럼을 재평가하는 계기를 만들어 주었다. 커닝햄의 예에서 볼 수 있듯이 도슨의 제안은 미국의 가톨릭대학을 비롯해 일부대학들에서 재검토하도록 한 것은 긍정적인 제안이었다고 볼 수 있다.

다섯째, 도슨이 주장한 대로 유럽에서 기독교만이 서구문명 회복의 유일한 대안이라는 측면이다. 물론 이에 대한 다양한 견해들이 있고, 또 이를 해결하고자 직접적인 논의들이 있었겠지만, 도슨의 이론은 실제로 실천이 되기 어려운 점이 있으나 신선한 면도 있다. 그의 문제의식과 더불어 이를 해결하고자 평생에 걸친 의식적인 노력에 대해서는 높이 평가해야 한다. 더구나 기존의 논의에서는 서구문명의 회복을 위해서 종교의 회복을 주창한 학자는 거의 없었기 때문이다.

물론 위와 같은 그에 대한 긍정적인 평가에도 불구하고 그의 이러한 주장들은 서구 유럽중심주의적인 사고방식이라는 비난 또한 면할 수 없다. 그의 주장의 대부분은 서구 유럽은 곧 기독교라는 등식이 성립하는 것이었다. 20세기 이후 오늘날에 이르기까지 세계는 다양하고도 빠르게 변화하고 있다. 그중에서 동아시아를 비롯한 제3세계 나라들의 약진은 엄청났다.

불교문화권과 유교문화의 뿌리를 기반으로 성장한 이들 국가들을 볼 때 기독교중심의 이론은 설득력을 갖기는커녕 부정적 내지는 편파적이라는 비난을 면할 수 없다. 그리고 서구 유럽은 오늘날 모든 사람들이 기독교인은 아닌 것이다. 그렇기 때문에 그의 등식에도 일정 부분 한계를 지니고 있는 것으로 보인다.

두 번째, 오늘날 세계의 급변화로 말미암아 대학은 엄청나게 많은 개혁과 변화들을 요구받았다. 그 변화는 대학의 기능과 전문성이 더욱 강조되는 방향으로 흘러가고 있다는 것이다. 취업이 잘되고, 경제적인 수입이 보장되고, 당장에라도 활용가능한 실용적인 학문분야에 인기가 치솟고 있는 현상은 전 세계적인 현상이다. 인간의 가치와 존엄성 및 그 본질을 기반으로 추구하는 도슨의 교육 프로그램은 가톨릭대학은 물론 일반대학에서조차 제한적인 관심을 끌 수밖에 없다. 그리고 그가 실험대상군으로 삼았던 세인트 메리 칼리지의 대학지명도에 관한 문제 또한 짚어 볼 일이다. 그 칼리지는 굉장히 규모가 작을뿐더러 수녀들을 위한 특수한 목적의 대학이었다. 따라서 그가 적용했던 기독교문화 교과목을 일반대학에 그대로 적용하기에는 무리가 따를 수밖에 없는 것이었다.

세 번째는 도슨의 교육 프로그램은 엘리트주의를 조장했다는 비난을 면하기 어렵다. 글리슨의 교과과정을 보면 3, 4학년을 중심으로 이루어지고, 멀로이의 교과과정을 보면 대학원과 그 위의 과정, 그리고 우등생 중심한 교육이 더 강조되고 있음이 확인되었다. 게다가 오늘날 대학교육은 엘리트중심교육에서 대중교육의 형태로 변화하고 있다. 이러한 측면에서 볼 때도 도슨의 견해는 소수의 우수한 학생중심의 교육방향이기 때문에 시대적인 흐름에도 역행하고 있다.

도슨이 평생 관심을 가지고 몰두해 왔던 작업은 역시 서구문명이 당면한 위기를 타개하는 것이었다. 그 위기를 타개하기 위한 첫 시도가 문명의 뿌리 밑에서 핵심적인 역할을 담당하고 있는 종교의 발견이었다. 그래서 그는 기독교와 여타 종교들을 비교 연구하였고, 그 연구를 통해서 기독교의 역동성을 발견하였다. 그는 역사를 움직이는 원동력을 종교에서 찾았다. 도슨 연구자들이 그를 종교사가라고 보는 이유도 여기에 있다.

결론적으로 그는 기독교라는 종교와 문화라는 일상의 생활방식을 통합하고자 시도한 통합론자로 규정될 수 있다. 그리고 그의 인생의 역정만큼이나 그의 사상적 변화와 내용은 가톨릭 혹은 기독교 역사가들에게나 일반 사가들에게나 주의를 끌 수 없었다. 왜냐하면 어느 쪽에도 만족을 주지 못하였기 때문이다. 그는 랭런드(Langland)의 시를 인용하여 자기 스스로도 세상과 동떨어져 고립된 채로 홀로 밭고랑을 쟁기질 하는(ploughing a lone furrow) 사람으로 평가하였던 것이다.

Ⅴ. 맺음말

도슨이 말한 대로 서구 문명의 약점은 분명 과거 유럽인들의 생활의 원동력이던 종교의식과 더불어 그 정신적 생명력의 원천으로부터 멀어지고 외양적인 생활에 만족하고자 하는 것에 있었다. 그래서 도슨의 교육 프로그램은 당면한 서구문명이 갖는 약점을 찾아내는 작업에서부터 시작되었다. 그렇기 때문에 그는 서구문명의 정신적 가치들의 기반이 약해지고 그 신뢰도가 상실되었다는 점을 극복할 수 있는 대안을 구축하고자 하였다.

그리하여 그는 이러한 문제의식을 염두에 둔 가운데 서구문명의 위기로 말미암아 나타난 현상에 대한 원인들을 진단하게 되었고, 그 원인의 결과 서구가 세속화 되었다는 점을 인식하였던 것이다. 그리고 서구의 문명과 더불어 등장하게 된 근대 교육의 문제점들을 낱낱이 파악하게 되기에 이르렀던 것이다. 그 결과 도슨은 근대문명의 세속화는 근대교육이 세속화됨으로 말미암은 것이며 교육의 세속화는 교육의 주체가 교회와 옛 교육기관들에서 근대국가의 관리체계로 넘어간 것과 필수불가결의 관계가 있다고 입증하였다. 물론 구 교육제도에 총체적인 개혁이 필요했다는 점은 당연하였다. 핵심적인 문제는 개혁 자체에 있는 것이 아니었다. 개혁이 기존의 교육제도에 내포된 보다 깊은 정신적 심리적 제 요소들을 무시하고 외형적으로 보기에 좋은 공리주의적 정신에 입각해서 수행되었다는 점이었다.

그 결과 도슨이 평가한대로 근대세계는 서구 문명의 옛 전통을 파괴시켜 버리고 보통의 교육 수준으로 하향평준화 되어 버렸던 것이다. 이제 서구는 문화적 기준이나 그 정신적 생활을 심화시키지 않고 근대사회의 대중적 사고방식을 증가시켰을 뿐이었다.

도슨은 과학연구의 진보와 새로운 과학 기술의 발전이 인간생활의 외적인 조건들을 변화시켰다는 것을 인정하였으나, 다른 한편으로는 근대교육이 보편적인 기본 지식만을 전달하고 있다고 주장하였다. 도슨은 근대과학이 이루어 놓은 업적조차도 이미 완전히 비틀어져버린 문명의 통일성을 회복할 수 없다고 진단하였다. 그는 전문화된 과학의 발전이 오히려 근대문명의 분열된 특성과 원심적인 특성을 낳게 한 원인 중의 하나라고 파악하였다.

도슨은 근대과학이나 근대세계의 여타 다른 분야에서도 종교가 수행해 온 문명통합의 원리와 도덕가치의 창조자로서 기능을 대치할만한 힘이 없다고 역설하였다. 그리하여 그는 이러한 문제해결을 하고자 기독교문화의 회복을 주창하게 되었던 것이다. 그리고 그가 이에 대한 구체적인 대안으로 제시한 것이 바로 기독교교육이었다. 물론 광범한 의미로 교육이란 공동사회의 새로운 멤버가 행동이나 태도를 배우는 일에서부터 정신적 지혜의 가장 고차적 전통에 이르는 생활양식과 사상에 익숙해져 가는 과정을 통칭하기도 한다. 그렇기 때문에 도슨은 기독교교육은 곧 기독교적 생활양식과 사상을 전수하는 것이라고 인정하였다.

그러나 도슨이 평가하기는 유럽이 기독교적 생활양식과 사상을 제대로 전수하지 못했다는 것이다. 그는 그 책임이 우선 역사가와 교육자들에게 있다고 밝히면서 다수의 역사가들은 일반 사람들이 인식하지 못할 만큼 기독교문화의 전통에 대해서 전적으로 무시해 버린 채 유럽문명을 민족사의 측면에서만 서술하였다고 비판하였던 것이다.

도슨이 바라보는 유럽문명은 5세기부터 19세기에 이르기까지 전 세계문명의 발전을 주도해 왔고 그 발전의 원동력이던 고차원적인 가치기준과 비전을 창조해 낸 것이 바로 기독교의 전승이었다. 그리고 이 기독교의 전승은 교육을 통해서 지속적으로 후세들에게 전수되어졌고 문명이라는 건물의 든든한 기초 역할을 함으로써, 공통된 사회의식을 조정해 주는 기반이 되었다. 그러나 오늘날 종교교육은 과거와 달리 일반교육의 구조 위에 짜깁기 해 놓은 것과 같은 엑스트라에 불과한 것으로 변질되었다는 것이다.

물론 기독교 교육은 단순한 낱말들로 전달될 수 있는 성질의 것이 아니었다. 오히려 그것은 특정한 인간의 총체적인 모든 면을 훈련시키는 전방위적인 것이었다. 도슨은 가톨릭사가의 입장에서 성찬예배가 중심이 되고 상징주의와 반복된 예배 행위를 통해서 구현된 카타르시스와 계몽과정을 기대하였다. 그래서 사람들은 기독교 교육을 통해 기독교 공동사회로의 입문은 물론 영원의 세계에로의 역정을 시작하게 되었다고 그는 생각하였다. 이를테면 인간이 과거에 알지 못하던 정신적, 종교적 실체들에 대해 알아가고 인간 존재의 의미를 인식하도록 하는 새로운 세계의 출발이 바로 그러한 것이다.

도슨은 근대교육의 결함을 다음과 같이 지적하였다. 우선 종교적인 측면에서 볼 때 근대교육은 어떠한 의미 있는 계시도 할 수 없다고 비판하였다. 근대교육은 하나의 지식의 전수과정으로만 받아들여졌고, 이 지식이 때로 유용하기는 하였으나 기독교문명을 고취시켰던 새롭고도 경이로운 실세계를 발견하는 것과 같은 희열감을 발견할 수 없다는 것이다. 그의 이러한 접근은 일반사가들에게는 더욱 이해될 수 없는 부분일 뿐더러 설득력 있는 설명이 되지 못한다. 그러나 그는 인류역사에서 분명하게 이루어져 온 것이라고 명백히 주장하고 있는 것이다.

그는 예배와 교육을 동일선상에서 놓고 있다. 왜냐하면 기독교적 전통이 교육과 문명의 발전의 원동력이 된 것은 주로 예배를 통해서였기 때문이라는 것이다. 그래서 그는 최초의 기독교 교육이 성스러운 성찬예배에 참석하는 것이었으며 예배를 통해 기독교문명의 첫 열매라고 할 수 있는 종교시와 음악, 예술의 발전을 가져 왔다고 설명하였다.

그러나 도슨은 16세기의 루터를 기점으로 등장하게 된 종교개혁으로 말미암아 이제 기독교적 예배는 단순한 종교적 상징주의로 발전되고, 나아가 축적되어 온 여러 운동의 보고들을 분산시켜 버렸고, 서구 문명의 종교의식의 특성을 파괴해 버림과 동시에 전통 기독교 역사의 연속성을 단절시켰다고 주장하였다. 물론 그는 종교 개혁가들이 그들의 성공을 기독교교육의 개혁이나 중흥으로 간주하기도 하였다는 점 또한 인정하였다. 그들의 주장은 성서로 돌아가자, 성서만이 유일한 것이고, 성서만이 모든 것이라는 것이다. 그리고 이것이 16세기와 17세기에 영국 문명에 깊이 영향을 준 새로운 종교교육의 슬로건이기도 하였다.

교육의 변화가 종교개혁을 통해서도 일어났다. 그 변화라는 것은 교육에 있어서의 개인의 중요성이 증대되었다는 점이다. 일반인들이 읽고 쓸 수 있는 능력이 현저하게 향상되었고 개인주의, 도덕적 행동주의가 발달하고, 개인의 독자적인 판단력을 중요시하게 되었다. 그러나 이 같은 발전이 공동의 사회생활에 정신적인 결핍을 가져온 것은 불가피하였다.

그렇기 때문에 도슨의 평가는 르네상스와 종교개혁의 영향력이 지적 문명을 보다 광범위하게 확산시키고 종교교육의 전지주의적인 측면을 강화시켰다면 문명의 실용주의적이고 공리주의적인 요소를 증가시켰다는 것이다. 사실 문명 그 자체는 사회의 생명력을 회복시키거나 변화시킬 힘을 소유하고 있지는 못하다. 문명은 가치기준과 지적, 미학적 감상능력과 비판능력을 키워주어 일반 서민들이나 지배층이 균형 잡힌 넓은 지식과 안목을 갖도록 도와주기는 한다.

그럼에도 불구하고 도슨이 지적한대로 오늘날의 서구 문명은 천년 이상이나 지속되어온 절대적인 정신기반인 기독교를 상실함으로 세속화의 길을 걷게 되었던 것이다. 서구 문명의 파국은 도슨의 말대로 로마제국 밑에서 고대세계의 전통이 상실된 것과 똑같은 그 길을 가고 있다는 것이었다. 한편으로는 물질적인 풍요로움과 극에 달한 사치의 풍조, 무엇보다도 대중을

위한 빵과 오락, 목욕탕과 극장들의 화려한 물질적인 발전이 있기는 하였
다. 다른 한편으로는 무제한의 권력이 소수의 지배자들 손 안에 집중되어
아무도 저항할 수 없게 되었다. 인간을 파멸로부터 구하는 유일한 길은 정
신세계를 재발견하고 인간의 정신적 역량을 중흥시키는 길 밖에 없는 것이
었다. 그는 이것이 바로 기독교 교육이 떠맡아야 할 방대 무변한 과업이라
고 말하였던 것이다.

도슨의 교육 프로그램이 일부 가톨릭대학을 중심으로 적용되기도 하였
지만, 일반대학에서도 실험적으로 적용해 봄으로써 당면한 서구문제를 해
결할 수 있는 대안으로 자리매김 할 수 있을지 고민해볼 필요가 있다.

부   록[338]

약어표시

AG: *The Age of the Gods*

BP: *Beyond Politics*

CNA: *Christianity and the New Age*

CWE: *The Crisis of Western Education*

DG: *The Dividing of Christendom*

DWH: *The Dynamics of World History*

ERC: *Enquiries into Religion and Culture*

HR: *The Historic Reality of Christian Culture*

JN: *Judgement of the Nations*

MD: *The Modern Dilemma*

ME: *Mediaeval Essays*

MR: *Mediaeval Religion*

MWR: *The Movement of World Revolution*

PR: *Progress and Religion*

RA: *The Revolt of Asia*

RC: *Religion and Culture*

---

338) 위의 부록은 도슨이 일생동안 출판한 글들을 모아 작성한 것이다. 로카스 (Claude Locas)의 논문과 도슨의 딸 故 스코트(Christina A. Scott) 여사의 저작, 그리고 리즈(Jonathan Reyes)의 논문을 많이 참고하였음을 밝혀둔다. Claude Locas, "Christopher Dawson: A Bibliography", *The Harvard Theological Review*, vol.60, no.2(April, 1973), pp.178-189; Christina A. Scott, *A Historian and His World*(New Brunswick, New Jersey: Transaction Publishers, 1992), pp.247-259; Reyes, Jonathan James. "Christopher Dawson and the Renewal of Christian Culture", Ph. D. Dissertation,(University of Notre Dame, 2000), pp.390-399.

RMS: *Religion and the Modern State*

RWC: *Religion and the Rise of Western Culture*

TM: *The Making of Europe*

UE: *Understanding Europe*

1920

"The Passing of Industrialism", *The Sociological Review*, no.12, pp.6-17. In ERC.

"The Nature and Destiny of Man", *God and the Supernatural.* Edited by Pr.Cuthbert, O.F.S.C. London, Longmans Green & Co.

1921

"On the Development of Sociology in Relation to the Theory of Progress", *The Sociological Review*, no.13, pp.75-83. In DWH.

1922

"Cycles of Civilizations", *The Sociological Review*, no.14, pp.51-68. In ERC.

"Herr Spengler and the Life of Civilizations," *The Sociological Review*, no.14, pp.194-201. In DWH.

1923

"The Evolution of the Modern City", *Town Planning Review*, no.10, pp.101-08. In DWH.

"Rome: a Historical Survey", *The Sociological Review*, no.15, pp.132-47.

1924

"Progress and Decay in Ancient and Modern Civilizations", *The Sociological Review* no.16, pp.1-11. In DWH.

"Scheme of British Culture Periods and of their Relation to European Culture Development", *The Sociological Review*, no.16, pp.117-25.

"Catholicism and Economics", *Blackfriars*, May, June and July.

1925

"Religion and the Life of Civilization", *The Quarterly Review*, no.244, pp.98-115. In ERC, DWH.

"Religion and Primitive Culture", *The Sociological Review*, no.17, pp.105-19.

"Civilization and Morals", *The Sociological Review*, no.17, pp.174-81. In ERC, DWH.

1927

"Christianity and the Idea of Progress", *The Dublin Review*, no.180, pp.19-39.

"Crisis of the West", *The Dublin Review*, no.181, pp.261-77. In PR.

"The Mystery of China", *The Sociological Review*, no.19, pp.279-303. In ERC.

1928

The Age of the Gods: A study in the Origins of Culture in Pre-historic Europe and the Ancient East, London, J. Murray.(New York, Sheed & Ward, 1933)

"Revolt of the East and the Catholic Tradition", *The Dublin Review*, no.183, pp.1-14.

1929

Progress and Religion: An Historical Enquiry into the Causes and Development of the Idea of Progress and its Relationship to Religion, London, Sheed & Ward, Image Books,(New York, Doubleday and Company Inc., 1960).

"The New Leviathan", *The Dublin Review*, no.185, pp.88-102. In ERC.

1930

Christianity and Sex, Criterion Miscellany, no.13, London, Faber and Faber.

"Saint Augustine and His Age." *A Monument to Saint Augustine*. A Symposium by Martin C. D'Arcy and Others.(New York, Dial Press). In ERC and partially In DWH.

"Islamic Mysticism", *The Dublin Review*, no.186, pp.34-61. In ERC.

"European Democracy and the New Economic Forces", *The Sociological Review*, no.22, pp.32-42.

"The Dark Mirror with Postscript on Spiritual Intuition in Christian Philosophy", *The Dublin Review*, no.187, pp.177-200. Postscript In ERC.

"The End of an Age", *Criterion*, vol.9, no.36.

1931

Essays in Order, Edited by Christopher Dawson and T. F. Burns, London, Sheed & Ward, 1931-34. vol.14, New series edited by Christopher Dawson and Bernard Wall, 1936, 2 Vols.

General Introduction to the Series *Essays in Order, Religion and Culture* by Jacques Maritain. London, Sheed & Ward.

Christianity and the New Age, In *Essays in Order*, no.3(New York: Macmillan; New York: Sheed & Ward, 1940).

Introduction to *The Necessity of Politics* by Carl Schmitt, *Essays in Order*, no.5, London: Sheed & Ward.(New York: Macmillan, 1931).

"Classical Tradition and the Origins of Mediaeval Culture", *Studies*, no.20, pp.209-24. In TM, ch. 3.

"Scholasticism and the Origins of the European Scientific Tradition", *Clergy Review*, no.2, pp.108-21.

"The Origins of the European Scientific Tradition: St. Thomas and Roger Bacon", *Clergy Review*, no.2, pp.195-203.

"New Decline and Fall", *The English Review*, no.52, pp.413-21.

"Problem of Wealth", *The Spectator*, no.147, p.485.

1932

The Making of Europe: An Introduction to the history of European Unity, London, Sheed & Ward.(New York: Meridian Books, 1958).

Excerpts: "The Carolingian Empire as an Embodiment of Christian Idealism", *Critical Issues in History*, Edited by

Thomas W. Africa, Richard E. Sullivan, and J. K. Sowards(Boston: D. C. Heath and Co., 1967).

The Modern Dilemma: The Problem of European Unity, In *Essays in Order*, no.5(New York: Sheed & Ward).

"The Origins of the Romantic Tradition", *Criterion*, no.11, pp.222-48. In MR, ME.

"Dark Ages and Ireland", *Studies*, no.21, pp.259-68. In TM, ch. 9.

"New Decline and Fall", *The Commonweal*, no.15, pp.320-22.

"Tribute to the Memory of Victor Branford", *The Sociological Review*, no.24.

"Significance of Bolshevism", *The English Review*, 55, pp.239-50.

The American Review, no.1, April 1933), pp.36-49. In ERC, DWH.

1933

Enquiries Into Religion and Culture(New York: Sheed & Ward; Freeport, New York: Books for Library Press, 1968. A reprint.)

The Spirit of the Oxford Movement, London: Sheed & Ward.

"William Langland: The Vision of Piers Plowman", *The English Way: Studies in English Sanctity from St. Bede to Newman*, Edited by Maisie Ward. London, Sheed & Ward. In MR, ME.

"Religion and Life", *The Dublin Review*, no.142, pp.1-16. In ERC.

"The World Crisis and the English Tradition", *The English*

Review, no.56, pp.248-60. In ERC, DWH.

"What the World Needs", *Catholic World*, no.137, pp.92-94.

*The Dublin Review*에서 발췌, no.142.

"Man and Civilization", *Catholic World*, no.31, pp.435-40;
pp.458-60.

"Future Life: a Roman Catholic View", *The Spectator*, no.151,
pp.889-90.

"Interracial Cooperaticn as a Factor of European Culture"
(Reale Academia D'Italia: Convegno Volta, 1932).

1934

Mediaeval Religion and Other Essays, The Forwood Lectures,
London: Sheed & Ward.

"A Roman Catholic View: After Death?", *The Spectator*, Boo-
klets, no.3, London: Methuen.

Edward Gibbon, *Proceedings of the British Academy*, no.20,
Separate Publication, London, H. Milford. Also as *the Pre-
face to the Decline and Fall of the Roman Empire* by Edward
Gibbon, Everyman Editicn, London: J. M. Dent and Sons
Ltd.(New York, E. P. Dutton and Co., 1954). In DWH.

"Sociology as a Science, Science for a New World", Edited by
Sir Arthur Thomson and J. G. Crowther. London: Eyre and
Spottiswoode.(New York: Harper Bros). In DWH.

"Prevision and Religion", *The Sociological Review*, no.26, pp.41-54.
In DWH.

"Communism, Capitalism and the Catholic Tradition", *Ave Ma-
ria*, no.39, p.695.

"Real Issue of the Conflict between Christianity and Marxism", *Colosseum*, no.1, pp.17-31.

"Rome, Ireland and the European Tradition", *G. K.'S Weekly*, no.20, pp.89-90.

"Last Words on Mr. DeBlaccam(and His Dislike for Rome)", *G. K.' 5 Weekly*, no.20, pp.178-79.

1935

Mediaeval Christianity. Studies in Comparative Religion, no.25, London: Catholic Truth Society.

"Future of National Government", *The Dublin Review*, no.146, pp.236-51.

"Modern Dictatorship", A Lingard Society lecture, *The Tablet*, no.165, p.509.

"Catholicism and the Bourgeois Mind", *Colosseum*, no.2, pp.246-56. In DWH.

1936

Religion and the Modern State, London, Sheed & Ward.

Twelve Selections from Christopher Dawson, Sheed & Ward Samplers.(New York: Sheed & Ward).

"The Re-making of Europe", *The Tablet*, no.167, pp.428-29.

"The Recovery of Spiritual Unity", *Catholic World*, no.143, pp.349-50.

"Religion in the Age of Revolution", *The Tablet*, no.168, pp.265-66; pp.301-02; pp.336-38; pp.477-79; pp.516-17; pp.549-51.

"Religion and Romanticism", *Christendom*, no.1, pp.577-92.

1937

"Catholic Attitude to War", *The Tablet*, no.169, pp.365-68. In *Catholic Digest*, no.1, June, pp.15-19.

"Not Pacifists but Peacemakers", *Catholic World*, no.145, pp.102-104.

"Industrialism and Social Order", *The Tablet*, no.169, pp.625-26.

"Church, State and Community", *The Tablet*, no.169, pp.873-75; pp.909-10.

Contribution to "Symposium on War and Peace", *Colosseum*, 3(13).

"Spain and Europe", *Catholic Times*. *Dawson Newsletter*, Winter 1992, pp.13-14에서 자출간.

1938

"The Kingdom of God in History", *The Kingdom of God in History: A Symposium*, Edited by H. C. Wood et al. London: George Allen. In DWH.

"Moral of Austria", *The Tablet*, no.171, p.538.

"Social Factor in the Problem of Christian Unity", *Colosseum*, no.5, pp.7-15. In *The Tablet*, no.171, pp.529-31.

"Frontiers of Necessity: Social Factors in Religious Belief", *The Tablet*, no.171, p.697. Following an article in *The Tablet*, no.171, pp.586-69.

"Now Is the Acceptable Time", *Catholic World*, no.147, pp.361-62.

Letter to the Editor, *Sign*, no.17, pp.756-57.

"Tragedy of Christian Politics", *Sign*, no.18, pp.7-10.

1939

Beyond Politics, London, Sheed & Ward.

"New Community", *The Tablet*, no.173, pp.5-7.

"Toward Christian Unity", *Sign*, no.18, pp.407-09.

"Vital Question", *Catholic World*, no.148, pp.746-47.

"Hitler's *Mein Kampf*", *The Tablet*, no.173, p.373.

"The Breakdown of the League", *The Tablet*, no.174, pp.665-66.

"Hour of Darkness", *The Tablet*, no.174, pp.625-26. Abridged in *Catholic Digest*, no.4, Feb. 1940, pp.19-21.

"The Nation and the European Unity", *The Tablet*, no.174, pp.717-18.

"European Unity and International Order", *The Tablet*, no.174, pp.741-42.

"Hungarian Middle Ages", *The Hungarian Quarterly*, 5(4).

1940

"Century of Change", *The Tablet*, no.175, pp.470-71.

"Threat to the West", *The Commonweal*, no.21, pp.317-18.

"On Nationalism", *The Tablet*, no.175, pp.348-49.

Editorial Note. *The Dublin Review*, no.207, pp.1-3; pp.129-31.

"Democracy and Total War", *The Dublin Review*, no.207, pp.4-16. In JN.

"Moral Basis of National Unity", *The Tablet*, no.176, p.172.

"Propaganda", *The Tablet*, no.176, p.265.

"Religious Origins of European Disunity", *The Dublin Review*,

no.207, pp.142-59. In *Catholic Digest*, no.5, Feb. 1941, pp.7-13.
Abridged in *Homiletic and Pastoral Review*, no.41, 1941,
p.528, and in *Theological Studies*, no.2, 1941, pp.271-72. In
JN.

1941

"Sword of the Spirit", *The Dublin Review*, no.208, pp.1-11.
Separate Publication in the Series Sword of the Spirit
Pamphlets. London: Sands, 1942. In JN.
"Baser Currency", *Catholic World*, no.152, pp.489-90.
"Christian Freedom", *The Dublin Review*, no.208, pp.137-49.
In *Catholic Digest*에서도 요약 발췌됨, no.5, July, pp.12-18.
"Spiritual Foundation of Order", *Catholic Mind*, no.34, pp.16-18.
"Europe and Christendom", *The Dublin Review*, no.209,
pp.109-19.
"Christianity and Culture", *The Dublin Review*, no.208,
pp.137-49.

1942

The Judgement of the Nations. London, Sheed & Ward.
The Sword of the Spirit. Sword of the Spirit Pamphlets,
no.1. London: Sands.
"The Natural Law", *The Future of Faith: A Diversity of Views*,
Edited by Percy Colson with a Preface by Lord Vansittart.
London: Hurst and Blackett.
"Freedom and Vocation", *The Dublin Review*, no.210, pp.1-11.
"Religion and Politics", *Catholic Digest*, no.4, pp.49-56, In RMS.

"Principle of Vocation", *Catholic World*, no.154, pp.743-44.

"What about Heretics", *The Commonweal*, no.36, pp.513-17.

"Papacy and the New Order", *The Dublin Review*, no.211, pp.97-104.

"The Foundations of Unity", *The Dublin Review*, no.211.

1943

The Renewal of Civilization, Peace Aims Pamphlets, no.20, London: National Peace Council.

Christian Freedom, Sword of the Spirit Pamphlets, no.5. London: Sands.

In the Power of the Spirit, London: Sword of the Spirit.

"Democracy and the British Tradition", *The Dublin Review*, no.212, pp.97-103.

"Europe and the Smaller Peoples", *The Dublin Review*, no.213, pp.1-10.

"Politics of Hegel", *The Dublin Review*, no.213, pp.97-107.

1944

"Religion and Mass Civilization-the Problem of the Future", *The Dublin Review*, no.214, pp.1-8.

"Peace Aims and Power Politics", *The Dublin Review*, no.214, pp.97-108.

"Foundations of European Order", *Catholic Mind*, no.42, pp.313-16.

1945

"The Two Currents in the Modern Democratic Tradition", Democracy and Peace in Collaboration with Malcolm Spencer. Peace Aims Pamphlets, no.30. London: National Peace Council.

"Democracy and the Party System", Month, no.181, pp.127-33. In *Catholic Mind*, no.43, pp.513-20.

"Parties, Politics and Peace", *Catholic Mind*, no.43, pp.372-73.

"Europe: A Society of Peoples", *Month*, no.181, pp.309-16. Separate Publication, London: Catholic Truth Society, 1946.

"Yogi and the Commissar", *Blackfriars*, no.25, pp.361-65.

"Left-Right Fallacy", *Catholic Herald*, London, Nov. 9th. Reprinted 1946 in *Catholic Mind*, no.45, pp.251-53.

"Newman and the Sword of the Spirit", *Sword Bulletin*, August 1945.

1946

"Education and the Crisis of Christian Culture", *Lumen Vitae*, no.1, pp.204-14. In *Catholic Mind*, no.45, 1947, pp.266-77. Separate Publication in Human Affairs Pamphlets. London: Henry Regnery and Co., 1949.

"Power of Spirit or Spirit of Power", *Sword*, January, pp.1-3.

"Omnicompetent State", *The Tablet*, no.188, p.98.

"Italy and the Peace of Europe", *Month*, no.182, pp.267-72. In *Catholic World*, no.166, p.177.

"Restoration of Natural Law", *Sword Bulletin*, May.

1947

It Shall Not Happen Here, London, Sword of the Spirit.

"Religious Liberty and the New Political Forces", *Month*, no.183, pp.40-47.

"The Task of Christian Education", *Catholic World*, no.165, pp.463-64.

"The Living Tradition of Christianity", *Catholic Herald*, Oct. 10th, 3.

"The Crisis of Christian Culture: Education", Edward Allen Lectures, 1944.

In Our Culture: Its Christian Roots and the Present Crisis, Edited by V. A. Demant, London: Society for Promoting Christian Knowledge, pp.35-49.

1948

Religion and Culture, London, Sheed & Ward.(New York: Meridian Books Inc., 1958).

1949

"Ideas and Beliefs of the Victorians", BBC Publication.

"Relation between Religion and Culture", *The Commonweal*, no.158, pp.488-90.

"T. S. Eliot on the Meaning of Culture", *Month*(n. s.), 1, pp.151-57.

"Vital Question", *Catholic World*, no.148, pp.746-47.

"Tradition and Inheritance", *The Wind and the Rain*, vol.5, no.4.

1950

Religion and the Rise of Western Culture, Gifford Lectures, 1948-1949, London: Sheed & Ward.

Preface to *The Limits and Divisions of European History* by Oscar Halecki, New York: Sheed & Ward.

"The Study of Christian Culture as a Means of Education", *Lumen Vitae,* no.5, pp.171-86.

"European Literature and the Latin Middle Ages", *The Dublin Review,* no.214, pp.31-36.

"Roman Catholics in the Modern World", *Geographical Magazine,* no.22, pp.471-76. In *The Tablet,* no.195, pp.419-21, and Abridged in *Catholic Digest,* no.14, September, pp.59-63.

"Christian Culture in Eastern Europe", *The Dublin Review,* no.224, pp.17-35.

"Victorian Background: the Vanishing Protection of the Last Hundred Years", *The Tablet,* no.196, pp.245-46.

Review of *The English Catholics,* 1850-1950, Edited by Bishop Beck. *The Dublin Review,* no.224, pp.1-12.

1951

Situation Actual de la Cultura Europa, Trans. by E. Pujals, Madrid.

"Religious Enthusiasm", A discussion of *Enthusiasm* by R. A. Knox, *Month*(n. s.), vol.5, pp.7-14.

"Byzantium and the Christian East", Review of *Orient et Byzance: Le Trefonds Oriental De L'Hagiographie Byzantine* by R. P. Paul Peeters, S. J., *The Dublin Review,* no.225, pp.23-30.

"The Problem of Metahistory: the Nature and Meaning of History and the Cause and Significance of Historical Change", *History Today*, no.1, pp.9-12. In DWH.
"The Christian View of History", *Blackfriars*, no.32, pp.312-27. In DWH.
Also in *Modern Catholic Thinkers*, Edited by A. Robert Caponigri with an Introduction by Martin C. D'Arcy, London: Burns and Gates(New York: Harper & Row Pub., 1960).
"La Tradicion de la Cultura Occidental: sus Siete Fases", *Arbor*, no.20, pp.327-47.
"H. G. Wells and The Outline of History", *History Today*, no.1, pp.28-32. In DWH.
"Sanctions of Mass Democracy", *The Tablet*, no.198, pp.285-86.

1952

Understanding Europe, London: Sheed & Ward, Excerpts: "A New Christian Society", *The Commonweal*, no.56, pp.431-33.
"La expansion de Europa: La Colonizacion Occidental del Imperio Britanico", *Estudios Americanos*, no.4, pp.27-51.
"La Tradicion Norteamenicana", Estudios Americanos, no.4, pp.349-73.
"The Problem of Christ and Culture", A Review of *Christ and Culture* by H. Richard Niebuhr, *The Dublin Review*, no.226, pp.64-68.
"Christianity and the Humanist tradition", *The Dublin Review*, no.226, pp.1-11. Also in *A Christian Approach to Eastern Literature: An Anthology*, Edited by A. A. Norton and Joan

Thelluson Nourse. The College Reading Series. Westminster, Md.; The Newman Press, 1961.

1953

"Education and Christian Culture", *The Commonweal*, no.59, pp.216-20.

"Education and the Study of Christian Culture", *Studies*, no.42, pp.293-302.

1954

Mediaeval Essays: A Study of Christian Culture, London & New York: Sheed & Ward.

"Education and Christian Culture", *The Commonweal*, no.59, pp.526-27; no.60, pp. 138-39. In *Catholic Mind*, no.52, pp.193-203.

"Future of Christian Culture", *The Commonweal*, no.59, pp.595-98. In *Catholic Mind*, no.53, pp.104-12.

"Art and Society", *Four Quarters*, no.3, April I-4. In DWH.

"European Revolution", *Catholic World*, no.179, pp.86-95.

"Dealing with the Enlightenment and the Liberal Ideology", *The Commonweal*, no.60, pp.138-39.

"Ages of Change", *The Tablet*, no.203, pp.489-90.

"St. Boniface and His Age", *Month*, no.11, 325-32. Also in *Saints and Ourselves* Edited by Philip Caraman, S. J. London: Burns Gates and Doubleday.

"Historic Origins of Liberalism", *Review of Politics*, no.16, pp.267-82.

"Today's Challenge to U. S. Colleges", *America*, no.99, pp.537-38.

"Hope and Culture: Christian Culture as a Culture of Hope", *Lumen Vitae*, no.9, pp.425-430.

"Toynbee's Odyssey of the West", *The Commonweal*, no.61, 62.

"Europe in Eclipse", *Criterio*,(Buenos Aires)(Dec.); *Catholic International Outlook*, no.15, June 1955, 5-11. In DWH.

1955

Introduction to The Mongol Mission: Narratives and Letters of the Franciscan Missionaries in Mongolia and China in the 13th and 14th Centuries, Translated by a Nun of Stanbrooke Abbey, London(New York, Sheed & Ward).

"Toynbee's Study of History: The Place of Civilization in History", *International Affairs*, no.21, pp.149-158. In DWH.

"Education and Christian Culture", *The Commonweal*, no.61, 678.

"Outlook for Christian Culture Today", *Cross Currents*, no.5, pp.127-36.

"Rights of Man", *South Atlantic Quarterly*, no.54, pp.194-36.

"Problems of Christian Culture", *The Commonweal*, no.62, pp.34-36.

"Christian Culture in General Education", *America*, no.93, pp.63-65.

"Institutional Forms of Christian Culture", *Religion in Life*, no.24, pp.373-80.

1956

"Civilization in Crisis", *Catholic World*, no.182, pp.246-52.
"The Challenge of Secularism", *Catholic World*, no.182, pp.326-30.
"Christian Culture, Its Meaning and Its Value", *Jubilee*, no.4, May, pp.37-40.
"Christianity and Ideologies", *The Commonweal*, no.64, pp.139-43.
"Study of Christian Culture in the American College", *Catholic World*, no.183, pp.197-201.
"Christianity and the Orient", *The Tablet*, no.208, pp.192-73; pp.196-98.
"Christianity and the Oriental Cultures", *The Tablet*, no.208, pp.222-24; p.245, p.247.
"Fall of the Mountain", *Four Quarters*, no.6, November, pp.1-10.
"Relevance of European History", *History Today*, no.6, pp.606-15. In MWR.
"Mr. Dawson Replies to Fr. Musurillo", *Thought*, no.31, pp.159-60.
"Pius XII: Teacher of the Nations", Contribution to Commemorative Volume for Pius XII's 80th Year.

1957

Dynamics of World History, Edited by John J. Mulloy. London(New York, Sheed & Ward).
The Revolt of Asia, London(New York, Sheed & Ward). In MWR, ch. 6, 9, 10.

"Birth of Democracy", *Review of Politics*, no.19, pp.48-61.

"Impact of Religion and the Modern State", *The Commonweal*, no.65, pp.412-13.

"Education and the State", *The Commonweal*, no.65, pp.427-29.

"Dr. Toynbee's Turning away", *The Tablet*, no.209, pp.268-69.

Review of *Documents of American Church History* by John Tracy Ellis, *America*, no.97, 1957, 126.

"The Tradition and Destiny of American Literature", *Critic*, no.26, November, 78f.

"Manalive", *The Spectator*, no.91, 1957, p.398(Letter to the Editor).

"Christianity and Oriental Cultures", *The Commonweal*, no.67, p.226.

"Universities, Ancient and Modern", *Catholic Educational Review*, no.56, pp.27-31.

1958

"Western Culture and the Mystical Body", *Catholic World*, no.187, pp.134-35.

"American Education and Christian Culture", *American Benedictine Review*, no.9, pp.7-16.

1959

The Movement of World Revolution, London, Sheed & Ward.

España Y Europa, Madrid: Madrid Artes Gráf.

"Expansion of Christianity", *The Commonweal*, no.69, pp.378-80.

"Catholic Culture in America", *Critic*, no.17, July, pp.7-9.

"Study of Christian Culture", *Commonweal*, no.71, pp.153-54.

1960

The Historic Reality of Christian Culture: A way to the Renewal of Human Life, Religious Perspectives, no.1, London: Routledge and Keegan Paul Ltd.

America and the Secularization of Modern Culture, The Smith History Lecture, Houston: University of St Thomas.

"Catholic Imprint on America", *Catholic Digest*, no.24, February, pp.53-56.

"Catholicism, Secularism and the Modern World", *Current* (Harvard Catholic Club Publication)(Feb.-Mar.). Also in *Catholic Mind*, no.59, pp.261-68.

"The Study of Christian Culture", *Thought*, no.35, pp.485-93.

1961

The Crisis of Western Education: With a Specific Program for the Study of Christian Culture, Edited by John J. Mulloy and John P. Gleason, London.(New York, Sheed & Ward).

"Ploughing a Lone Furrow", *Christianity and Culture*, Edited by J. Stanley Murphy, C. S. B., with an Introduction by Donald McDonald, Montreal. Pam Publ(Baltimore: Helicon Press).

Review of *English Influence in Early American Catholicism* by Mother Mary Peter McCarthy, O. S. U., *Catholic Historical Review*, no.46, pp.461-62.

"Interview on Church, State and Religious Education in America", *Jubilee*, no.8, p.27.

"New Apostolate of the Intellect",(Grailville Community College Speech. Excerpts.) *Catholic Messenger*, no.79, June, 8.

1965

The Dividing of Christendom, Foreword by Douglas Horton, New York: Sheed & Ward, Paperback, Image Books(New York, Doubleday and Co. Inc., 1967).

"Catholic Culture in America", *Through Other Eyes: Some Impressions of American Catholicism from 1777 to the Present*, Edited by Dan Herr and Joel Wells, Westminster, Md., The Newman Press.

1966

Mission to Asia(New York: Harper & Row Publication).

"Ideas and Beliefs of the Victorians",(New York, Dutton Paperback[Reprint]).

1967

The Formation of Christendom(New York, Sheed & Ward).

"Fifty Years of Liberal-Ultramontane Conflict", *Triumph*, no.2, August, pp.21-24.

"On Jewish History", *Orbis*, vol.10, no.4.

사후의 저작들

1970

Tradition and Inheritance(Reprint from *The Wind and the Rain*,

1949, with an Introduction by John Mulloy),(St Paul, Minnesota, The Wanderer Press).

1971

The Dividing of Christendom(English Edition with an Introduction by David Knowles). London, Sidgwick & Jackson.

1972

The Gods of Revolution, Introduction by Arnold Toynbee, London, Sidgwick & Jackson.

1975

Religion and World History: A Selection from the Works of Christopher Dawson(Ed. James Oliver and Christina Scott), Image Books(New York, Doubleday).

참고문헌

I. 1차 사료

1. 단행본

Dawson, Christopher. *The Age of the Gods: A Study in the Origins of Culture in Prehistoric Europe and the Ancient East*, London: John Murray, 1928.

Dawson, Christopher. *Progress and Religion: An Historical Enquiry*, New York: Longman, Green and Company, 1929.

Dawson, Christopher. *Christianity and the New Age*, London: Sheed & Ward, 1931.

Dawson, Christopher. *Essays in Order*, New York: The Macmillan Company, 1931.

Dawson, Christopher. *Enquiries into Religion and Culture*, New York: Sheed & Ward, 1933.

Dawson, Christopher. *The Modern Dilemma: The Problem of Europe Unity*, London: Sheed & Ward, 1933.

Dawson, Christopher. *The Spirit of the Oxford Movement*, London: Sheed & Ward, 1933.

Dawson, Christopher. *Medieval Religion and Other Essays*, London: Sheed & Ward, 1935; 金正鎭 譯, 『中世文化史』, 경향잡지사, 1958.

Dawson, Christopher. *Religion and the Modern State*, New York: Sheed & Ward, 1938.

Dawson, Christopher. *Beyond Politics*, London: Sheed & Ward, 1939.

Dawson, Christopher. *The Judgment of the Nations*, London: Sheed & Ward, 1942.

Dawson, Christopher. *Religion and Culture*, London: Sheed & Ward, 1948.

Dawson, Christopher. *Understanding Europe*, London: Sheed & Ward, 1952; 李元周, 李石佑 共譯, 『西歐文明의 理解』, 성광문화사, 1982.

Dawson, Christopher. *Medieval Essays*, New York: Sheed & Ward, 1954.

Dawson, Christopher. *The Making of Europe: An Introduction to the History of European Unity*, New York and Cleveland: The World Publishing Company, 1956; 林明芳 譯, 『中世 유럽의 形成』, 형설출판사, 1980.

Dawson, Christopher. *The Dynamics of World History*, New York: Sheed & Ward, 1957; 라종일, 민석홍, 『역사의 원동력』, 삼성문화문고, 1974; 이길상 옮김, 『세계사의 원동력』, 현대지성사, 1999.

Dawson, Christopher. *Religion and the Rise of Western Culture*, New York: Doubleday and Company, 1958; 노명식 역, 『西歐文化와 宗教』, 현대사상사, 1977; 채은수 역, 『선교와 서구문화의 변혁』, 총신대학부설 선교연구소, 1989.

Dawson, Christopher. *The Movement of World Revolution*, New York: Sheed & Ward, 1959.

Dawson, Christopher. *America and the Secularization of Modern Culture*, Houston: University of St. Thomas Press, 1960.

Dawson, Christopher. *The Historic Reality of Christian Culture:*

A Way to the Renewal of Human Life, London: Routledge & Kegan Paul Ltd., 1960.

Dawson, Christopher. *The Crisis of Western Education*, New York: Image Books, 1961.

Dawson, Christopher. *The Dividing of Christendom*, New York: Sheed & Ward, 1965.

Dawson, Christopher. *The Formation of Christendom*, New York: Seed & Ward, 1967.

Dawson, Christopher. *The Gods of Revolution*, New York: New York University Press, 1972.

Dawson, Christopher. *Religion and World History: A Selection from the Works of Christopher Dawson*, Edited by James Oliver and Christina Scott, Garden City, New York: Doubleday and Company, 1975.

Dawson, Christopher. *Christianity in East and West*, Mulloy, John, ed., La Salle. IL: Sherwood Sugden & Company, 1981.

2. 논 문

Dawson, Christopher. "Why I am a Catholic", *The Catholic Times*, London, May 21, 1926.

Dawson, Christopher. "Christianity and the Soul of Europe", *Listener*, 1931.

Dawson, Christopher. "Religion in the Age of Revolution: Joseph de Maistre and the Counter-Revolution", *The Tablet*, September 5, 1936.

Dawson, Christopher. "Religious Origins of European Disunity",

Catholic Digest, vol.V, February 1941.

Dawson, Christopher. "Religion and Mass Civilization: The Problem of the Future", *The Dublin Review*, vol.CCXIV, January 1944.

Dawson, Christopher. "Foundations of European Order", *The Catholic Mind*, vol.XLII, May 1944.

Dawson, Christopher. "Religious Liberty and the New Political Forces", *The Month*, vol.CLXXXIII, January 1947.

Dawson, Christopher. "Education and the Crisis of Christian Culture", *The Catholic Mind*, vol.XLV, May 1947.

Dawson, Christopher. "Christianity and the Western Tradition", *Listener*, vol.39, May 6, 1948.

Dawson, Christopher. "The Study of Christian Culture as a Means of Education", *Lumen Vitae*, vol.5, January 1950.

Dawson, Christopher. "Christianity and Human Tradition", *The Dublin Review*, vol.CCXXVI, 1952.

Dawson, Christopher. "Future of Christian Culture", *The Commonweal*, vol.62, no.24, March 19, 1954.

Dawson, Christopher. "Education and Christian Culture", *The Catholic Mind*, vol.52, April 1954.

Dawson, Christopher. "Dealing with the Enlightenment and the Liberal Ideology", *The Commonweal*, vol.62, May 14, 1954.

Dawson, Christopher. "Today's Challenge to U. S. College", *America*, vol.91, no.3, September 4, 1954.

Dawson, Christopher. "Christian Culture", *The Commonweal*, vol.61, no.26, April 1, 1955.

Dawson, Christopher. "The Outlook for Christian Culture Today",

Cross Currents, vol.5, no.2, Spring 1955.

Dawson, Christopher. "The Institutional Forms of Christian Culture", *Religion in Life*, vol.24, no.3, Fall 1955.

Dawson, Christopher. "Civilization in Crisis", *The Catholic World*, vol.182, January 1956.

Dawson, Christopher. "The Challenge of Secularism", *The Catholic World*, vol.182, February 1956.

Dawson, Christopher. 'The Study of Christian Culture in the American College", *The Catholic World*, vol.182, 1956.

Dawson, Christopher. 'Education and the State", *The Commonweal*, vol.65, January 25, 1957.

Dawson, Christopher. "Americans Are an Enquiring, Thinking, Reasoning People". *Documents of American Church History*, 1957.

Dawson, Christopher. "American Education and Christian Culture", *American Benedictine Review*, vol.9, 1958.

Dawson, Christopher. "Western Culture and the Mystical Body", *The Catholic World*, vol.187, no.118, 1958.

Dawson, Christopher. "Christian Culture and the Lives of the Saints", Lecture at Harvard, Fall 1958.

Dawson, Christopher. "Catholic Culture in America", *The Critic*, vol.17, no.6, 1959.

Dawson, Christopher. "The Study of Christian Culture", *The Commonweal*, vol.69, October 30, 1959.

Dawson, Christopher. "The Study of Christian Culture", *Thought: A Review of Culture and Idea*, vol.35, no.139, 1960.

Dawson, Christopher. "Building a Bridge to a Secular Culture",

The Catholic World, vol.193, 1961.

Dawson, Christopher. "Catholicism, Secularism and the Modern World", *The Catholic Mind*, vol.59, May-June 1961.

Dawson, Christopher. "Ploughing a Lone Furrow", Murphy, Stanley, ed., *Christianity and Culture*, Baltimore: Helicon Press, 1961.

Dawson, Christopher. "On the Place of Religious Study in Education", *The Christian Scholar*, vol.45, no.1, 1962.

Dawson, Christopher. "Tradition and Inheritance", *The Chesterton Review*, vol.9, no.3, 1983.

Dawson, Christopher. "The Problem of the Future: Total Secularization or a Return to Christian Culture", *Communio*, vol.16, no.4, 1989.

Dawson, Christopher. "Christianity as the Soul of the West", *The Dawson Newsletter*, vol. XIII, no.1, Winter 1995.

Dawson, Christopher. "Modern Civilization in Europe and America: The Enlightenment and Technology", Communio: *International Catholic Review*, vol.22, Winter 1995.

II. 2차 사료

1. 단행본

Alcott, Edward ed. *Will Western Civilization Survive: Challenging Readings for Contemporary Times*, Toronto: Hunt Publishing Company, 1981.

Allit, Patrick. *Catholic Converts: British and American Intellectuals Turn to Rome*, Ithaca and London: Cornell University Press, 1997.

Arx, Jeffrey Paul. *Progress and Pessimism: Religion, Politics, and History in Late Nineteenth Century Britain*, London & Cambridge: Harvard University Press, 1985.

Aubert, Roger ed. *Sacralization and Secularization*, New York: Paulist Press, 1969.

Bagby, Philip. *Culture and History: Prolegomena to the Comparative Study of Civilizations*, London & New York: Longmans, 1958.

Baillie, John. *What is Christian Civilization?*, New York: Charles Scribner's Sons, 1945.

Barzun, Jacques. *Marx, Wagner: Critique of a Heritage*, Chicago: University of Chicago Press, 1981.

Beales, Derek & Best, Geoffrey, eds. *History, Society and the Churches: Essays in Honor of Owen Chadwick*, New York & London: Cambridge University Press, 1985.

Boyer, Charles. *Christian Unity and the Ecumenical Movement*, London: Burns and Oates, 1962.

Burke, Peter. *What is Cultural History?*, 2004, 조한욱 옮김, 『문화사란 무엇인가』, 도서출판 길, 2005.

Caldecott, Stratford ed. *Eternity in Time: Christopher Dawson and the Catholic Idea of History*, Edinburgh: T & T Clark Ltd., 1997.

Cantor, Norman F. *Inventing the Middle Ages*, New York: William Morrow and Company, Inc., 1991.

Cataldo, Peter. *The Dynamic Character of Christian Culture: Essays on Dawsonian Themes*, University Press of America, 1984.

Connolly, James M. *Human History and the Word of God: The Christian Meaning of History in Contemporary Thought*, New York: Macmillan, 1965.

Costello, Paul. *World Historians and Their Goals*, DeKalb: Northern Illinois Press, 1993.

Daniélou, Jean. *The Lord of History: Reflections on the Inner Meaning of History*, Chicago: Henry Regnery, 1958.

Eliot, T. S. *The Idea of a Christian Society*, London: Faber & Faber, 1947.

Gilbert, Allan D. *The Making of Post-Christian Britain: A History of the Secularization of Modern Society*, London & New York: Longman, 1978.

Gleason, Philip. *Contending with Modernity: Catholic Higher Education in the Twentieth Century*, Oxford University Press, 1995.

Hassel, David J. *City of Wisdom: A Christian Vision of the American University*, Chicago, 1983.

Hastings, Adrian, *A History of English Christianity 1920-1990*, London: SCM Press, 1991.

Kenyon, John. *The History Men: The Historical Profession in England since the Renaissance*, Pittsburgh: University of Pittsburgh Press, 1983.

Lawler, Justus George. *The Catholic Dimension in Higher Education*, Maryland: The Newman Press, 1959.

LeClerc, Jean. *The Love of Learning and the Desire for God: A Study of Monastic Culture*, trans. Catharine Misrahi New

York: Fordham University Press, 1985.

MacIntyre, Alasdair. *Whose Justice? Which Rationality?*, Notre Dame: University of Notre Dame Press, 1988.

Maistre, Joseph. *On God and Society*, Chicago: Henry Regnery Company, 1959.

McInerny, Ralph. *The Catholic Writer*, San Francisco: Ignatius Press, 1991.

McInerny, ed. *Modernity and Religion*, Notre Dame: University of Notre Dame Press 1994.

Melko, Matthew. *The Nature of Civilization*, Boston: Porter Sargent Publisher, 1969.

Mulloy, John J. *Christianity and the Challenge of History*, Front Royal: Christendom Press, 1995.

Murphy, Stanley, ed. *Christianity and Culture*, Baltimore: Helicon Press, 1961.

Neale, Catherine M. *Catholic Authors*, St. Mary's Abbey, 1947.

Neill, Thomas P. *Religion and Culture: The Christian Idea of Man in Contemporary Society*, Milwaukee: The Bruce Publishing Company, 1951.

Newman, John Henry. *The Idea of a University*, Notre Dame: University of Notre Dame Press, 1982.

Oakley, Francis. *Community of Learning: The American College and Liberal Arts Tradition*, New York, 1992.

O'Connor, Daniel A. *The Relationship between Religion and Culture According to Christopher Dawson: A Synthesis of Christopher Dawson's Writing*, Montreal: Librairie Saint-Viateur, 1952.

Ratzinger, Joseph. *A Turning Point for Europe? The Church in the Modern World: Assessment and Forecast*, San Francisco, 1991.

Russello Gerald J. *Christianity and European Culture: Selections from the Work of Christopher Dawson*, Washington D. C.: The Catholic University of America Press, 1998.

Schindler, David L. ed. *Catholicism and Secularization in America: Essays on Nature, Grace and Culture*, Notre Dame: Communio Books, 1990.

Schwartz, Adam. *The Third Spring: G. K. Chesterton, Graham Greene, Christopher Dawson & David Jones*, Washington, D. C.: The Catholic University of America Press, 2005.

Scott, Christina. *A Historian and His World: A Life of Christopher Dawson*, New Brunswick & London: Transaction Publishers, 1992.

Sheed, Frank. *The Church and I*, New York: Doubleday & Company, 1974.

Sloan, Douglas, *Faith and Knowledge: Mainline Protestantism and American Higher Education*, Louisville: Westminster John Knox Press, 1994.

Sparr, Arnold. *To Promote, Defend and Redeem: The Catholic Literary Revival and the Cultural Transformation of American Catholicism 1920-1960*, New York: Greenwood Press, 1990.

Taylor, Henry Osborn. *The Emergence of Christian Culture in the West: The Classical Heritage of the Middle Ages*, New York: Harper & Brothers Publishers, 1958.

Walsh, Michael, *From Sword to Ploughshare*, London: Russell Press, 1980.

Weigel, Gustave, *A Catholic Primer on the Ecumenical Movement*, Westminster: Newman Press, 1963.

Wethersfield Institute Prcceedings, *Christianity and Western Civilization, Christopher Dawson's Insights: Can a Culture Survive the Loss of Its Religious Roots?*, San Francisco: Ignatius Press, 1995.

Wolffe, John. *God and Greater Britain: Religion and National Life in Britain and Ireland 1843-1945*, London and New York: Routledge, 1994.

이석우. 『대학의 역사』, 한길사, 1998.

임희완. 『20세기의 역사철학자들: 토인비에서 월러스타인까지』, 건국대학교출판부, 2003.

2. 논 문

Anshen, Ruth Nanda. "Religious Perspective: Its Meaning and Purpose", Dawson, Christopher, *The Historic Reality of Christian Culture: A Way to the Renewal of Human Life*, London: Routledge & Kegan Paul Ltd., 1960.

Barnes, Hary Almer. "The Review of *the Dynamics of World History*", *American Historical Review*, vol.63, no.1, 1957.

Bliese, John R. E. "Christopher Dawson: His Interpretation of History", *Modern Age*, vol.23, *no.3*, Summer 1979.

Brinton, Crane. "Review of *the Dynamics of World History*", *Speculum*, vol.33, no.2, April 1958.

Buckley, Emmet C. "The Theology of Christopher Dawson", Th. D.

Dissertation, University of St. Thomas Aquinas, 1975.

Burlegeigh, Anne Husted. "Culture and Christendom: The Division of the West", *The Intercollegiate Review*, vol.2, no.2, 1955.

Callahan, Daniel. "Christopher Dawson, 12 October 1889-25 May 1970", *Harvard Theological Review*, vol.66, 1973.

Callahan, Daniel. "Christopher Dawson at Harvard", *The Comonweal*, vol.76, no.12, June 15, 1962.

Callahan, Daniel. "Dawson up Close", *The Commonweal*, vol.83, June 6, 1970.

Campbell, James M. "The Dawson Challenge: A Discussion", *America*, vol.93, no.3, April 16, 1955.

Cervantes, Fernando. "A Vision to Regain? Reconsidering Christopher Dawson", *New Blackfriars*, vol.70, 1989.

Cervantes, Fernando. "Christopher Dawson Europe", Caldecott, Stratford & Morrill, John edited, *Eternity in Time: Christopher Dawson and the Catholic Idea of History*, Edinburgh: T & T Clark Ltd., 1997.

Cervantes, Fernando. "Progress and Tradition: Christopher Dawson and Contemporary Thought", *Logos: A Journal of Catholic Thought and Culture*, vol.2, no.2, Spring 1999.

Cogley, John. "On Christian Culture", Murphy, Stanley, ed., *Christianity and Culture*, Baltimore: Helicon Press, 1961.

Cunningham, W. F. "Christian Culture in General Education", *America*, vol.93, no.3, April 16, 1955.

Cushing, Charles B. "Christopher Dawson's Cultural Morphology: The Process of Secularization in the West", Ph. D.

Dissertation, New York: St. John's University, 1971.

Danielou, Jean. "The Conception of History in the Christian Tradition", *The Journal of Religion*, vol.30, no.3, 1950.

Doino, William, Jr. "Christianity and Unity", *The Wanderer*, October 1996.

Donovan, Charles. "The Tradition Behind Our Learning", *America*, vol.105, April 8. 1961.

Dunne, Tad. "College and the Christian Vision", *Logos*, vol.4, no.4, Fall 2001.

Dupré, Louis. "The Modern Idea of Culture: Its Opposition to Its Classical and Christian Roots", McInerny, Ralph, ed., *Modernity and Religion*, Notre Dame: University of Notre Dame Press, 1994.

Duque, Araceli. "The Vision of Christopher Dawson", *Zenit*, 2003.

Echeverria, DonnaRose. "Christopher Dawson Revisited", *Fides et Historia*, vol.29, no.3, 1997.

Ellis, John Tracy. "American Catholics and the Intellectual Life", *Thought*, vol.30, 1955.

Feledick, Peter L. "Analysis of Christopher Dawson As a Historian", M. A. Dissertation, Milwaukee: Marquette University, 1964.

Fields, Stephen. "Catholicism and Academic Freedom: Authorities in Conflict?", *Logos: A Journal of Catholic Thought and Culture*, vol.4, no.4, Fall 2001.

Fitzpatrick, Paul. "Education and Social Engagement: The Lessons of the Catholic Social Guild", *The Month* April 1998

Foster, K. "Mr. Dawson and Christendom", *Blackfriars*, vol.29,

1950.

Frank, William A. "Western Irreligion and Resources for Culture in Catholic Religion", *Logos: A Journal of the Catholic Thought and Culture*, vol.7, no.1, Winter 2004.

Fraser, Field J. "Reflections on Catholic Education at the Millennium", *The Catholic Faith*, May / June 2000.

Freemantle, A. "Christopher Dawson Comes to Harvard", *The Catholic Digest*, vol.23, no.3, January 1959.

George, Francis Cardinal. "Catholic Faith and the Secular Academy", *Logos: A Journal of the Catholic Thought and Culture*, vol.4, no.4, Fall 2001.

Gleason, Philip. "A Practical Experiment in Education: The Study of Christopher Dawson as the Core of the College Curriculum", *The Chesterton Review*, vol.9, no.2, May 1983.

Gleason, Philip. "A Program of Christian Culture", *Religious Education*, 55, July-August 1960.

Gleason, Philip. "The Study of Christian Culture: A New Approach to General Education", *The Educational Record*, April 1959.

Goeglein, Timoth S. "Culture and Religion: Christopher Dawson and an American Renaissance", *The St. Croix Review*, vol.28, no.1, February 1995.

Grew, Raymond. "Review of *World Historians and Their Goals* by Paul Costello", *History & Theory*, vol.35, 1995.

Hales, E. Y. "The Dawson Legacy", *The Tablet*, April 1, 1972.

Halsey, Edwin. "Christopher Dawson", *Integrity*, vol.4, June 1950.

Harbison, E. Harris. "The Meaning of History and the Writing of History", *Church History*, vol.21, no.2, 1952.

Hart, Jeffrey. "Christopher Dawson and the History We are Not Told", *Modern Age*, vol.39, no.3, Summer 1997.

Hartnett, Robert. "The Dawson Challenge: A Discussion", *America*, vol.93, no.3, April 16, 1955.

Hill, Christopher. "The Church, Marx and History", *Spectator*, no.6743, September 20, 1957.

Hitchcock, James. "Christopher Dawson: A Reappraisal", *American Scholar*, vol.62, Issue 1, Winter 1993.

Hitchcock, James. "Christopher Dawson and the Rise and Fall of Christendom", Belmont Abbey College, March 11, 2000.

Hitchcock, James. "Postmortem on a Rebirth: The Catholic Intellectual Renaissance", *American Scholar*, vol.49, 1980.

Hitchcock, James. "The Dynamics of Popular Intellectual Change", *The American Scholar*, vol.45, 1976.

Hitchcock, James. "The Secularization of the West", *What is Secular Humanism*, Ann Arbor: Servant Books, 1982.

Hitchcock, James. "To Tear Down and to Build Up: Christianity and the Subversive Forces in Western Civilization", *Christianity and Western Civilization, Christopher Dawson's Insights: Can a Culture Survive the Loss of Its Religious Roots?*, San Francisco: Ignatius Press, 1995

Hittinger, Russell. "Christopher Dawson: A View from the Social Sciences", McInerny, Ralph, ed., *The Catholic Writer*, San Francisco: Ignatius Press, 1991.

Hittinger, Russell. "Christopher Dawson on Technology and the Demise of Liberalism", Wethersfield Institute Proceedings,

Christianity and Western Civilization, Christopher Dawson's Insights: Can a Culture Survive the Loss of Its Religious Roots?, San Francisco: Ignatius Press, 1995.

Hittinger, Russell. "The Metahistorical Vision of Christopher Dawson", Peter Cataldo, ed., *The Dynamic Character of Christian Culture: Essays on Dawsonian Themes*, University Press of America, 1984.

Hittinger, Russell. "The Two Cities and the Modern World: A Dawsonian Assessment", *Modern Age*, vol.28, no.2/3, Spring/Summer 1984.

Hubbard, J. Macoubrey. "On Liberal Education", *Logos*, vol.4, no.2, Spring 2001.

Joustra, Rob. "Progress and Differentiation: A Critical Exposition on the Philosophy of History of Herman Dooyeweerd and Christopher Dawson",
www.giveershit.com/rj/phl355.pdf, March 24, 2004.

Kasper, Walter. "Nature, Grace, and Culture: On the Meaning of Secularization", David L. Schindler ed., *Catholicism and Secularization in America: Essays on Nature, Grace, and Culture*, Notre Dame: Communio Books, 1990.

King, Edward J. "Christopher Dawson, Part I: the Secularization of Christian Culture", *Catholic Insight*, March 2001.

King, Edward J. "Christopher Dawson, Part II: the Study and Renewal of Christian Culture", *Catholic Insight*, April 2001.

King, Edward J. "Christopher Dawson, Part III: the Crisis of Christian Culture", *Catholic Insight*, May 2001.

Kirk, Russell. "The High Achievement of Christopher Dawson",

The Chesterton Review, vol.10, November 1984.

King, Edward J. "Christopher Dawson: Religion and the Totalitarian State", Russell Kirk ed., *The Portable Conservative Reader*, New York: Penguin Books, 1996.

Knowles, David. "Christopher Dawson, 1889-1970", *Proceedings of the British Academy*, vol.LVII, 1971.

Knowles, David. "Obituary Christopher Dawson", *The Tablet* 6, June 1970.

Knowles, David. "The Achievement of Christopher Dawson", *The Dawson Newsletter*, vol.12, no.1, Spring 1994.

Kohlbrenner, Bernard J. "Religion and Higher Education: An Historical Perspective", *History of Education Quarterly*, vol.1, no.2, June 1961.

Koterski, Joseph W. "Religion and Culture", *Modern Age*, vol.38, no.2, Winter 1996.

Koterski, Joseph W. "Religion as the Root of Culture", *Christianity and Western Civilization, Christopher Dawson's Insights: Can a Culture Survive the Loss of Its Religious Roots?*, San Francisco: Ignatius Press, 1995.

Kurt, Mark Francis. "Christopher Dawson's Philosophy of History", M. A. Dissertation, State College of Iowa, 1967.

Kurth, James. "Western Civilization, Our Tradition", *The Intercollegiate Review*, vol.39, no.1-2, Fall 2003/Spring 2004.

Lamb, Matthew. "Inculturation and Western Culture: The Dialogical Experience Between Gospel and Culture", *Communio*, vol.21, Winter 1994.

Lamb, Woodrow L. "Trend in Contemporary Catholic Historica

Thought As Illustrated by Hilaire Belloc and Christopher Dawson", M. A. Dissertation, Detroit: Wayne University, 1940.

Lasseter, Rollin. "Christopher Dawson and the Modern World", *Sewanee Review*, vol.1, no.1, Winter 1993.

Locas, Claude. "Christopher Dawson: A Bibliography", *Harvard Theological Review*, vol.66, 1973.

Lucacs, James, "The Philosophy of History in Christopher Dawson", Belmont Abbey College, March 11, 2000.

Lynch, Michael. "Review of *Dynamics of World History* by Christopher Dawson", *AD2000*, vol.15, no.7, August 2002.

Magaret, Helene. "Barriers to the Organic Curriculum", *America*, vol.91, September 4, 1954.

Maritain, Jacques. "Religion and Culture", Dawson, Christopher, ed., *Essays in Order*, New York: The Macmillan Company, 1931.

Marshall, Caroline. "Christopher Dawson", *Historians of the Christian Tradition: Their Methodology and Influence on Western Thought*, eds., Michael Bauman and Martin Klauber. Nashville: Broadman and Holman, 1995.

Marshall, Caroline. "Christopher Dawson: Champion of Christian Culture", *Christian History*, vol.20, no.4, Fall 2001.

Marshall, Caroline. "Protestantism and Cultural Fragmentation in the Thought of Christopher Dawson", *Fides et Historia*, vol.31, no.1, 1999.

McMahon, Joseph H. "Christian Culture", *The Commonweal*, vol.61, January 7, 1955.

McMillan, Douglas J. "Voices Crying in the Wilderness: Prominent Anglican and Roman Catholic Intellectuals at a Time of Secularization", *Religion and the Arts*, vol.4, no.4, 1998.

McNaspy, C. J. "Dawson's New Contribution to Dialogue", *America*, March 27, 1965.

Mews, Stuart. "The Sword of the Spirit: A Catholic Cultural Crusade of 1940", *Studies in Church History*, vol.20, 1983.

Miron, Henry J. "Religious Influences on Cultural Development: A Study of the Relationship between Religion and Culture As Proposed by Christopher Dawson", M. A. Dissertation, Florida State University, 1961.

Moloney, Michael F. "The Liberal Arts: A Plan of Action", *America*, vol.93, no.3, April 16, 1955.

Mullaney, J. V. "Education and Christian Culture Reply", *The Commonweal*, vol.59, no.15, January 15, 1954.

Mulloy J. J. "Christian Culture", *The Commonweal*, vol.61, January 28, 1955.

Mulloy J. J. "Christopher Dawson and G. K. Chesterton", *The Chesterton Review*, vol.9, no.3, 1983.

Mulloy J. J. "Continuity and Development in Christopher Dawson's Thought", *The Dynamics of World History*, New York: Sheed & Ward, 1978.

Mulloy J. J. "Specific Program for the Study of Christian Culture", Dawson, Christopher, *The Crisis Western Education*, New York: Image Books, 1965.

Murray, J. S. "The Thought of Mr. Christopher Dawson", *Gre-*

gorianum, vol.34, 1953.

Murray, Rev. J. "Mr. Dawson and the World Crisis", *The Month*, vol.179, 1943.

Musurillo, H. A. "Dawson's Program, a Criticism", *Thought*, vol.30, no.117, Summer 1955.

Musurillo, H. A. "Christopher Dawson: Prophet at Harvard", *Homiletic and Pastoral Review*, vol.LIX, no.3, December 1958.

Neal, Fred W. "The Christian Interpretation of History", *Social Science Bulletin*, vol.5, no.5, June 1952.

Nef, John. "A New Christian View of History?", *Thought*, vol.37, no.146, 1962.

Neill, Thomas P. "Toynbee and Dawson on the Meaning of Contemporary History", Murphy, Stanley, ed., *Christianity and Culture*, Baltimore: Helicon Press, 1961.

Nicholas OP, Aidan. "Christopher Dawson's Catholic Setting", Caldecott, Stratford & Morrill, John edited, *Eternity in Time: Christopher Dawson and the Catholic Idea of History*, Edinburgh: T & T Clark Ltd., 1997.

Oliver, E. J. "The Religion of Christopher Dawson", *The Chesterton Review*, vol.9, no.2, May 1983.

Oliver, James. "Christopher Dawson: An Appreciation", Dawson, Christopher, *The Gods of Revolution*, New York: New York University Press, 1972.

Olsen, Glenn W. "American Culture and Liberal Ideology in the Thought of Christopher Dawson", *Communio: International Catholic Review*, vol.22, no.4, Winter 1995.

Olsen, Glenn W. "Cultural Dynamics: Secularization and Sacralization", *Christianity and Western Civilization, Christopher Dawson's Insights: Can a Culture Survive the Loss of Its Religious Roots?*, San Francisco: Ignatius Press, 1995.

Olsen, Glenn W. "Deconstructing the University", *Communio*, vol.10, Summer 1992

Olsen, Glenn W. "Separating Church and State", *Faith and Reason*, vol.20, 1994.

Olsen, Glenn W. "The Catholic Moment and the Question of Inculturation", *Catholicity and the New Evangelization*, Steubenville, 1995.

Olsen, Glenn W. "The Meaning of Christian Culture: A Historical View", Schindler, David L. ed., *Catholicism and Secularization in America: Essays on Nature Grace, and Culture*, Notre Dame: Communio Books, 1990.

Olsen, Glenn W. "The Renewed Interest in the Thought of Christopher Dawson", *New Oxford Review*, vol.53, March 1986.

Olsen, Glenn W. "Toward a Christian Culture", *Communio: International Catholic Review*, vol.11, no.4, 1984.

O'Malley, Frank. "Religion and the Modern Mind", *Review of Politics*, vol.4, 1942.

O'Malley, Frank. "The Culture of the Church", *Review of Politics*, vol.16, 1954.

Pauck, Wilhelm. "The Christian Faith and Religious Tolerance" *Church History*, vol.15, no.3, 1946.

Pieper Jesef. "On the Christian Idea of Man", *Review of Po-*

litics, vol.11, 1949.

Quinn, Dermot. "Christopher Dawson and the Catholic Idea of History", Caldecott, Stratford & Morrill, John edited, *Eternity in Time: Christopher Dawson and the Catholic Idea of History*, Edinburgh: T & T Clark Ltd., 1997.

Quinn, Dermot. "A New Introduction", Mulloy, John, ed., *Dynamics of World History*, Wilmington & Delaware: ISI Books, 2002.

Raftis, James Ambrose. "The Development of Christopher Dawson's Thought", *The Chesterton Review*, vol.9, no.2, May 1983.

Reyes, Jonathan James. "Christopher Dawson and the Renewal of Christian Culture", Ph. D. Dissertation, University of Notre Dame, 2000.

Robichaud, Paul. "David Jones, Christopher Dawson, and the Meaning of History", *Logos: A Journal of Catholic Thought and Culture*, vol.6, no.3, Fall 2003.

Robbins, Keith. "Britain, 1940 and 'Christian Civilization'", Beales, Derek & Best, Geoffrey, eds., *History, Society and the Churches: Essays in Honor of Owen Chadwick*, New York & London: Cambridge University Press, 1985.

Royal, Robert. "Dawson's History: Resurrecting the Work of Christopher Dawson", *The Weekly Standard*, Vol.8. no.26. March 17, 2003.

Russello Gerald J. "Christ in History", *Crisis*, vol.14, no.4, April 1996.

Russello Gerald J. "Christopher Dawson: Is there a Christian

Culture?", *The Commonweal*, vol.23, no.7, April 5, 1996.

Russello Gerald J. "Christopher Dawson and Pluralism", Belmont Abbey College, March 11, 2000.

Russello Gerald J. "Europe, Christianity, and the Thought of Christopher Dawson", *Zenit*, 2003.

Russello Gerald J. "Historic Reality and Future Hope: Christopher Dawson's Vision of Christianity and Culture", *Family Research Council*, November 11, 2003.

Russello Gerald J. "Introduction to Christopher Dawson", *Logos: A Journal of Catholic Thought and Culture*, vol.3, no.3, Summer 2000.

Russello Gerald J. "The Relevance of Christopher Dawson", *First Things: A Monthly Journal of Religion and Public Life*, Issue 122, April 2002.

Schindler, David L. "Religious Freedom, Truth, and American Liberalism: Another Look at John Courtney Murray", *Communio*, vol.21, Winter 1994.

Schlesinger, Bruno. "Christopher Dawson and the Modern Political Crisis", Ph. D. Dissertation, University of Notre Dame, 1949.

Schlesinger, Bruno. "Responses to Dawson's Ideas in the United States", *The Chesterton Review*, vol.9, no.2, May 1983.

Schwartz, Adam. "Confrontation the Totalitarian Antichrist Christopher Dawson and Totalitarianism", *Catholic Historical Review*, vol.89, no.3, July 2003.

Schwartz, Adam. "Swords of Honor: The Revival of Orthodox Christianity in Twentieth-Century Britain", *Logos: A Journal of Catholic Thought and Culture*, vol.4, no.1, Winter 2001.

Schwartz, Adam. "The Third Spring: Roman Catholic Conversion and Rebellion Against Modernity in the Thought of G. K. Chesterton, Graham Greene, Christopher Dawson, and David Jones", Ph. D. Dissertation, Northwestern University, 1996.

Scott, Christina. "The Meaning of the Millenium: The Ideas of Christopher Dawson", *Logos: A Journal of Catholic Thought and Culture*, vol.2, no.2, Spring 1999.

Scott, Christina. "The Vision and Legacy of Christopher Dawson", Caldecott, Stratford & Morrill, John edited, *Eternity in Time: Christopher Dawson and the Catholic Idea of History*, Edinburgh: T & T Clark Ltd., 1997.

Shaw, J. M. "The Christian Interpretation of History", *Canadian Journal of Theology*, vol.3, no.1, 1957.

Shepard, Jonathan. "Review of *The Making of Europe: An Introduction of European Unity*", *English Historical Review*, vol.CXIX, no.484, November 2004.

Simons, John W. "Christopher Dawson", *Thought*, vol.XXX, no.117, Summer 1955.

Simons, John W. "Putting American Catholics in Touch with the Christian Past", *The Commonweal*, vol.90, May 14, 1954.

Speck, William A. "The Role of the Christian Historian in the Twentieth Century As Seen in the Writings of Kenneth Scott Latourette, Christopher Dawson, and Herbert Butterfield", Ph. D. Dissertation, Florida State University, 1965.

Speck, William A. "Christopher Dawson: The Christian Intelle-
ctual As Antimodernist", *Christian Scholar's Review,* vol.14,
1985.

Suquia, Anger. "The New Evangelization: Some Tasks and Risks
of the Present", *Communio,* vol.19, Winter 1992.

Tomkins, Oliver. "The Roman Catholic Church and the Ecume-
nical Movement", Rouse, Ruth, ed., *A History of the Ecu-
menical Movement, 1517-1948,* Philadelphia: Westminster
Press, 1967.

Tonsor, Stephen. "History and the God of the Second Chance",
Modern Age, vol.2, no.2, Spring 1958.

Tonsor, Stephen. "Redefining Liberal Education", *Modern Age,*
vol.16, no.3, 1972.

Vann, Richard T. "Historians and Moral Evaluations", *History
and Theory,* vol.43, December 2004.

Wade, Mason. "A Catholic Spengler", *The Commonweal* 22,
October 18, 1935.

Walsh, Michael J. "Ecumenism in War-Time Britain: The Swo-
rd of the Spirit and Religion and Life, 1940-1945(1)", *The
Heythrop Journal,* vol.23, no.3, 1982.

Walsh, Michael J. "Ecumenism in War-Time Britain: The Sword
of the Spirit and Religion and Life, 1940-1945(2)", *The
Heythrop Journal,* vol.23, no.4, 1982.

Ward, Leo R. "Dawson on Education in Christian Culture",
Modern Age, vol.17, no.4, Fall 1973.

Ward, Masie. "The Case of Christopher Dawson", *The Catholic
World,* vol.169, 1949.

Watkin, E. I. "Tribute to Christopher Dawson", *The Tablet*, vol.4, October 1969.

Watkin, E. I. "Reflection on the Work of Christopher Dawson", *Downside Review*, vol.89, 1971.

Weigel, Gustave. "Ecumenicism and the Catholic", *Thought*, vol.30, 1955.

White, Hayden. "Religion, Culture and Western Civilization in Christopher Dawson's Idea of History", *English Miscellany*, vol.9, Rome, 1958.

White, Jeremy. "Christopher Dawson(1889-1970): Historian of Christendom and Europe", *Dawson Newsletter*, Spring 1987.

Wilhemsen, Frederick D. "Vision of Christopher Dawson", *The Commonweal*, vol.87, January 3, 1958.

Wilken, Robert Louis. "The Church as Culture", *First Things*, Issue 142, April 2004.

Wolfe, Gregory. "Ever Ancient, Ever New: The Catholic Writer in the Modern World", McInerny, Ralph, ed., *The Catholic Writer*, San Francisco: Ignatius Press, 1991.

Woods, Robert M. "Dawson and Christian Interpretation of History", *Fides et Historia*, vol.35, no.2, 2003.

강희천. "기독교대학과 교양교육", 『신학논단』, 2001.

김영진. "도슨(Christopher H. Dawson)의 문명주기론", 『경희사학』, 제23집, 2001.

김영진, "크리스토퍼 도슨의 기독교문화와 교회", 『경희사학』, 제24집, 2006.

선군성. "Christopher Dawson의 역사관에 관한 일고찰", 『효성여대 논문집』, 제21집, 1979.

양한주. "Christopher Dawson의 역사사상", 『고황논총』, 제4집, 1988.

이영림. "근대 초 유럽사회의 세속화와 신앙의 내면화" 『경기사학』, 제4집, 2000.

조원홍. "서양근대사에 대한 인식과 그 문제: Christopher Dawson의 역사해석을 중심으로", 『삼사 논문집』, 제15집, 1982.

홍치모, "Christopher Dawson의 사관", 『신학지남』, 제 67권, 제3집, 2000.

⟨저자 Profile⟩

김영진(金永鎭)

◎ 학　력 ◎
경희대학교 대학원 문학 석사 (서양사 전공)
경희대학교 대학원 문학 박사 (서양사 전공)

◎ 경　력 ◎
한국사학사학회 종신회원
한국 서양사학회 일반회원
한국 대학사학회 일반회원
영국사학회 일반회원
경희대학교 인문학연구소 연구원
경희대학교, 서일대학 강사

◎ 연구논문 ◎
「『신국론』에 나타난 어거스틴 사관의 종말성」, 기독교사학연구, 제7집, 2000,
기독교사학 연구소.
「도슨(Christopher H. Dawson)의 문명주기론」, 경희사학, 제23집, 2001,
경희사학회.
「크리스토퍼 도슨의 기독교문화와 교회」, 경희사학, 제24집, 2006, 경희사학회.

◎ 저　서 ◎
『서양문화사강의』(공저), 형설출판사, 2005.

크리스토퍼 도슨의 기독교문화와 교육

• 초판 인쇄	2006년 8월 1일
• 초판 발행	2006년 8월 1일
• 지 은 이	김영진
• 펴 낸 이	채종준
• 펴 낸 곳	한국학술정보㈜
	경기도 파주시 교하읍 문발리 526-2
	파주출판문화정보산업단지
	전화 031) 908-3181(대표) · 팩스 031) 908-3139
	홈페이지 http://www.kstudy.com
	e-mail(출판사업팀사업부) publish@kstudy.com
• 등 록	제일산-115호(2000. 6. 19)
• 가 격	13,000원

ISBN 89-534-5542-1 93230 (Paper Book)
　　　 89-534-5543-X 98230 (e-Book)